墨香财经学术文库

U0656894

能源金融市场的风险传导机制

The Risk Transmission Mechanism of
Energy Finance Market

姜淇川　著

东北财经大学出版社　大连
Dongbei University of Finance & Economics Press

图书在版编目（CIP）数据

能源金融市场的风险传导机制 / 姜淇川著. 一大连：东北财经大学出版社，2024.11.
一（墨香财经学术文库）. 一ISBN 978-7-5654-5407-3

Ⅰ.F407.2；F830.9

中国国家版本馆 CIP 数据核字第 2024ZL5803 号

东北财经大学出版社出版发行

大连市黑石礁尖山街 217 号　邮政编码　116025

网　　址：http://www.dufep.cn

读者信箱：dufep @ dufe.edu.cn

大连永盛印业有限公司印刷

幅面尺寸：185mm×260mm　字数：162 千字　印张：10　插页：1
2024 年 11 月第 1 版　　　　　　　　2024 年 11 月第 1 次印刷
责任编辑：李　彬　郭海雷　赵　楠　责任校对：贺　力
封面设计：原　皓　　　　　　　　版式设计：原　皓
定价：56.00 元

前言

传统的经济增长理论在探讨经济发展的推动力时，往往将注意力集中在资本与劳动力这两大生产要素上，未能给予能源这一关键因素足够的重视。能源作为现代经济核心驱动力的重要性不言而喻，既是经济增长的引擎，也与金融市场形成了紧密的联系。能源企业作为资本密集型行业，发展离不开金融资本的大力支持，而金融反向可以为能源资产提供稳健的风险管理策略。"能源金融"这一融合了能源与金融两大领域的新兴概念应运而生，并逐渐受到学术界的广泛关注。

随着经济全球化的深入发展和金融自由化程度的持续提高，市场间的相互联系日益紧密。但这种紧密的市场联系也为能源金融市场带来了前所未有的价格波动风险，这类风险不仅具有跨市场、跨区域传导的特性，还在一定程度上加剧了投资风险，对社会经济的稳定发展产生影响。深入研究能源金融市场的风险传导机制对于提升我国对市场风险的防范与治理能力、为宏观审慎监管提供重要的理论依据具有十分重要的意义。

本书的研究旨在填补能源金融市场风险传导领域的学术空白，并为实际市场操作提供有益的指导。从理论价值来看，本书突破了传统金融风险传导研究的局限性，将研究视野扩展至能源金融领域，为相关研究开辟了新的思路。目前关于能源金融市场风险传导的学术研究尚处于起步阶段，本书的出版无疑为该领域的研究注入了活力。从实践意义来看，在我国能源金融市场快速发展的背景下，如何确保市场的稳健运营已成为当务之急，本书的研究不仅有助于推动国家产业政策和能源战略的深入实施，更为金融支持能源生产和消费方式变革提供了有力的理论支撑。

在研究方法上，本书严格遵循科学研究的规范性和严谨性，通过综合运用理论推演、模型构建、统计分析以及实证分析等多种研究方法，结合金融学、经济学、机器学习和能源科学等多个学科的理论知识，对能源金融市场的风险传导机制进行了深入剖析。在数据处理和分析方面，本书采用了先进的统计软件，如EVIEWS、STATA、SPSS和MATLAB，以确保研究结果的准确性和可靠性。

　　本书层层递进、逻辑清晰地展开了研究内容。首先，利用极大重叠离散小波变换方法对能源金融市场及其相关市场的时间序列数据进行了多尺度分解，旨在揭示不同时间尺度下的市场动态特征。其次，运用基于小波变换的二元DCC-GARCH模型，深入探讨了能源金融跨市场间的动态相关性及其变化趋势。在此基础之上，进一步构建了改进的二元BEKK-GARCH模型，以分析能源金融跨市场间的风险溢出效应及其影响机制。最后，为了实现对能源金融市场风险的有效预警和防范，创新性地构建了一个多因素组合预测模型，该模型结合了萤火虫优化算法的支持向量机回归与灰色预测模型。

　　本书共分为7章，各章内容经过精心设计与组织。第1章详细介绍了选题背景、研究意义、研究思路和方法以及创新点等，为后续章节的展开奠定了坚实的基础。第2章对国内外关于能源金融市场风险测度、风险传导以及风险预警的研究进行了全面梳理和评价，为本书的研究提供了重要的学术背景。第3章从理论上深入剖析了能源金融市场风险的形成机制以及跨市场间的风险传导机制，为后续实证研究提供了理论支撑。第4章至第6章是本书的核心研究内容，深入探讨了能源金融市场的动态相关性、风险溢出效应以及风险预警体系的构建等问题。第7章作为全书的总结部分，不仅概括了本书的主要研究成果和结论，还提出了针对性的政策建议和未来研究方向的展望。

　　通过严谨的理论分析和实证研究，本书得出了以下结论：首先，能源金融市场与股票市场、汇率市场之间存在显著的动态相关性，且这种相关性在不同的时间尺度下呈现出不同的特征。其次，由于能源金融市场的风险溢出效应具有复杂的时变特征和非对称性，不同市场间的风险传导机制和影响程度各不相同。最后，构建的风险预警模型在预测精度、稳定性和显著性方面均表现出色，能够为能源金融市场的风险管理和防范提供有力的技术支持。

　　在创新方面，本书也取得了显著的成果。首先，系统梳理和总结能源金融风险的相关理论，为后续研究提供了坚实的理论基础和新的研究视角。其次，成功地将小波变换方法和改进的GARCH模型应用于能源金融市场风险传导机制的深入剖析和定量评估中。最后，通过构建基于萤火虫优化算法的多因素组合预测模型，实现了对能源金融市场风险的有效预警和防范，为市场的健康稳定发展提供了有力的技术保障。这一创新性的研究成果不仅丰富了能源金融市场风险领域的研究内容，还为实际市场操作提供了有益的指导。

此外，本书还进一步探讨了能源金融市场风险传导的细节和特征。例如，在不同的小波尺度下，国际石油市场与中美股市、汇市之间的风险波动溢出表现出了动态变化的特征，这表明市场风险传导的复杂性和多变性需要更加精细化的风险管理策略来应对。本书发现石油市场对于美国股市、汇市的风险影响程度要强于其对中国股市、汇市的影响，这反映了全球能源金融市场的非对称性和地域差异性。这些发现都为进一步深入研究和理解能源金融市场风险传导机制提供了有价值的线索。

本书通过综合运用多种研究方法和先进的数据分析工具，对能源金融市场的风险传导机制进行了全面、深入的研究，研究成果不仅具有重要的理论价值，还为实际市场操作提供了有益的指导。未来，随着能源金融市场的不断发展和变化，本书的研究成果将继续发挥重要的参考价值和实践指导作用。

作　者

2024 年 9 月

目录

1　绪论

随着经济全球化与金融自由化进程的加速推进，能源市场与金融市场之间的融合、互动、渗透与制约关系日益显著。能源作为一种核心生产要素，在驱动经济增长的同时展现出其独特的金融属性，而金融行业的效率提升与对实体经济的深度服务，对能源产业的推动作用同样不容忽视。在此背景下，能源与金融两大领域通过直接或间接的方式相互交织，共同演化出能源金融化的全球性趋势。然而，经济现象的双重性特征意味着在能源与金融相互支撑的同时，也潜藏着巨大的风险隐患。市场价格的波动不仅可能引发内部风险的扩散，还可能跨越市场边界，将风险传导至与之紧密关联的其他市场，从而引发一系列连锁反应。本研究旨在深入探讨能源金融市场的风险层面，揭示能源金融跨市场间的风险传导机制，并据此构建相应的风险预警体系。本章将从选题依据、研究意义、研究思路与内容以及主要创新点与不足之处等方面，对本研究的整体框架进行系统性阐述。

1.1　选题依据

能源是推动经济增长的主要动力之一，是一个国家保障战略安全的重要储备物资，能源市场资源配置的优化对能源的合理分配起到至关重要的作用。金融是维系一国经济运行并与其他国家联系的重要纽带，是保障国家能源工业发展的关键要素，金融市场的价格风险波动性已成为衡量宏观经济能否稳定运行的风向标。能源与金融的相互渗透融合对全球经济发展具有很强的推动力，特别是在全球能源金融一体化的大趋势下，能源的金融属性日益显现。

尽管能源和金融属于不同的领域，但两者存在较强的关联性。能源产业的快速发展能够激发经济活力、带动相关产业的发展，对金融行业起到不可忽视的重要作用；而金融业对能源产业发展的支持能够进一步促进能源产业的健康与良性发展。能源和金融两者的相互融合孕育了能源金融领域的诞生。顾名思义，能源金融就是将现有的能源和金融资源进行整合，进而实现能源和金融产业资本的不断优化，促进两者良性互动与协调发展的一系列金融活动。

在享受能源金融发展带来好处的同时，不能忽略其带来的负面影响。能源市场和金融市场的价格有时会产生剧烈波动，这种风险可能会在市场间相互影响传导，威胁世界经济的稳定，成为全球经济的安全隐患。历史上，多数金融危机爆发的根源是能源危机，而在众多能源资源中，石油无疑占据着至关重要的地位，这是因为石油仍然是当今主要的资源，各国能源金融市场均围绕着石油价格进行博弈，而且想要获得国际石油的定价参与权，因此原油期货这一能源金融衍生品呼之欲出。1973年，石油输出国组织（Organization of the Petroleum Exporting Countries，OPEC）宣布上涨原油价格，直接导致了第二次世界大战之后全球最严重的金融危机，标准普尔500指数和纳斯达克综合指数均震荡暴跌至当时最低点。1990年爆发的石油危机直接加速了美国、英国等国家经济的衰退速度。2003年，由于中东能源供应中断引发的石油危机导致油价急剧上涨，使全球经济陷入低迷状态。2007年爆发的次贷危机也与能源价格的居高不下有一定关系，不论是各项金融指数，还是原油价格指数，均一路暴跌，产生了全球性的金融危机。由此可以推断，能源和金融市场由于价格波动产生的风险，可能会在市场间进行传导扩散。

在全球能源金融一体化进程加速且能源金融市场风险日益复杂的宏观背景下，我国已将能源金融的发展提升至国家战略层面，市场需求持续扩大。仅"十三五"期间，我国的能源资金总需求量便达到6万亿元，并呈现爆发式增长，金融资产在能源市场的投入达到了空前的规模，已成为我国能源产业发展壮大的重要助推力。我国能源金融市场具有如下特征：首先，从投资渠道来说，能源行业的投资具有多渠道发展的特征，即从由财政向银行再向多元混合融资渠道转变，石油和天然气仍以自筹和银行贷款为主要融资渠道，融资模式比较单一；其次，从投融资规模来看，能源产业融资规模迅速扩大，是我国投资规模增长最快的基础性产业部门，我国能源生产总量位居全球前列，同时也是世界最大的能源消费国；最后，从投资机制来看，我国正逐步实现由政府主导向市场主导的转变。为此，我国政府出台了一系列制度政策，明确划分了市场机制与能源监管的范围，推动能源投资和融资活动更加市场化。随着新质生产力的崛起，数字化、智能化技术在能源领域的应用，也为能源金融市场带来了新的增长点和变革机遇。我国能源金融市场的发展虽然已取得一定进展，但仍处于初级阶段，面临着诸多问题和挑战。在新质生产力推动下，我国能源金融市场需不断创新和完善，以更好地服务于能源产业的可持续发展。

我国作为全球石油消费和生产大国，在国际石油价格方面缺乏主动定价权，面对石油价格的不断上涨，往往显得无能为力，使得我国能源安全不能得到充分保证。我国现有期货市场行政体系和监管法规滞后于国内能源金融期货市场发展的需要，影响能源金融市场运作的稳定性和延续性。国内石油市场长期处于垄断状态，定价缺乏竞争性，市场化程度较低，并且国内石油产品现货的交易量不足以支撑期货市场的交易，这不仅影响实物交割的进行，还不能有效避免市场风险。石油储备体系不够完善也是造成石油现货和期货市场割裂的重要原因。我国能源金融市场产品单一，创新能力不强，而欧美国家的能源金融衍生品相对全面，包括电力期权、煤炭期货、原油期货和新能源等众多品种，涉及的相关业务也较多，如能源产品资金结算业务、利率和汇率风险等。国际上有关可再生能源配额交易、节能量交易等类别能源金融创新种类众多，而我国在这方面无法与发达国家相比。综上所述，我国能源金融市场发展进程较慢，市场化程度不足，这使得我国在面对国际能源金融市场风险时的应对办法不多，容易受到影响。因此，关注国际能源金融市场的风险传导机制，构建能源金融风险预警体系，对防范我国能源金融市场风险具有极其重要的意义。

基于上述背景，本书以国际原油期货市场为研究对象，先从理论层面论述能源金融市场风险传导的理论机制，再实证分析原油期货市场与股票市场、汇率市场的风险传导特征，建立能源金融市场风险组合预测模型，以有效识别可能发生的能源金融市场的风险。

1.2　研究意义

本书重点关注能源金融市场风险传导机制理论分析、能源金融跨市场间风险传导特征研究和能源金融市场风险预警体系构建三个方面，具有一定的理论意义和实际价值。

1.2.1　理论意义

本书具有较强的理论意义。首先，不同于传统的金融风险传导研究，本书将研究范围拓展到能源金融领域，将目光聚焦在能源金融市场。目前关于能源金融市场风险传导的相关研究并不多见，正处于起步阶段，本书总结梳理了能源金融风险传导的相关理论和文献，丰富了能源金融市场风险领域的研究，为后续相关研究奠定了一定的理论基础。其次，通过构建基于极大重叠离散小波的DCC-GARCH模型，研究了能源金融市场与多个金融市场之间的风险动态相关性。采用改进的BEKK-GARCH模型进一步研究了能源金融市场与多个金融市场之间的风险溢出效应。再次，采用极大重叠离散小波方法，将不同序列在不同尺度上进行分解，研究了能源金融风险在不同时间尺度上的传导特征，更为细致地展示了能源金融风险传导的机理。最后，尽管有关风险预警体系构建的研究较多，但是对于能源金融市场风险预警体系的研究却相对较少。本书将统计方法和机器学习方法相结合，通过创建能源金融风险评价指标体系，进而构建基于多因素的风险组合预测模型，实现能源金融风险的及时、精确预警，为完善能源金融风险体系提供理论支持。

1.2.2　实际价值

本书也具有一定的实际价值。首先，在国际能源金融一体化的大背景下，我国能源金融市场需要实现飞速发展，能源金融的发展能够贯彻国家产业政策和能源战略，促进两者的深度融合，引领和配置各种社会资源，有助于支持国家能源安全体系的建设和企业的健康发展，为金融支持能源生产和消费方式变革、服务国家金融和能源战略构建新的合作机制。其次，本书选取美国和中国两个国家为研究对象，既能有效揭示国际主流能源金融市场的风险传导机制，又能通过研究国际能源金融市场与中国市场之间的风险传导关系，为中国金融市场健康发展提供借鉴。最后，能源金融市场已经成为全球重要的资金交易平台，本书的研究有助于有效防范能源金融风险，为投资者提供投资参考。能源金融市场风险的发生常常会给投资者带来巨大的损失，导致其投资失败，本书建立了能源金融风险预警体系，通过对能源金融风险的发生进行提前与精准预警，可以有效减少投资者的损失，有助于投资者做出正确的投资决策。

综上所述，本书的研究不论在理论上还是在实际应用中，都具有较大的参考意义。

1.3 研究思路与内容

本部分将介绍本书的研究思路和主要研究内容，并给出研究的技术路线图。

1.3.1 研究思路

本书主要讨论了在不同时间尺度下能源金融市场的风险传导和风险预警机制，并选取WTI原油期货指数收益率、美国标准普尔500指数收益率、中国沪深300指数收益率以及中美两国汇率指数收益率为样本数据进行实证研究。其中，对于多时间尺度的研究，本书选择极大重叠离散小波变换方法，将上述时间序列分解为四个时间尺度，对每个时间尺度上的风险波动进行了细致讨论。对于能源金融市场风险传导的研究，首先用基于极大重叠离散小波方法的DCC-GARCH模型刻画了国际石油市场与中美股票市场、汇率市场之间的动态相关性，再用BEKK-GARCH模型研究了国际石油市场与中美股票市场、汇率市场间的风险溢出效应，并对市场间风险的非对称效应进行验证讨论。构建基于萤火虫优化算法、支持向量机预测模型以及多元灰色预测模型的能源金融风险市场组合预警系统，通过对比分析验证了所构建模型的有效性。

本书技术路线图如图1-1所示。

1.3.2 主要研究内容

本书主要研究内容和结论如下：

第1章介绍了本书的选题依据、研究意义、研究思路与内容、主要创新点与不足之处。首先详细论述了能源市场与金融市场之间的联系，在能源金融一体化的大背景下，世界能源金融市场的发展现状以及可能面对的危机。其次介绍了我国能源金融市场的发展情况和现阶段存在的问题，如能源金融市场风险承受力不强，可能无法抵御市场间风险传导等隐患。不论是对于国际能源金融市场，还是对于我国能源金融市场，研究能源金融市场与传统金融市场之间的风险传导机理与特征，构建有效的能源金融市场风险防范体系，对于避免发生重大金融危机、维持能源金融市场健康发展都具有重大意义。

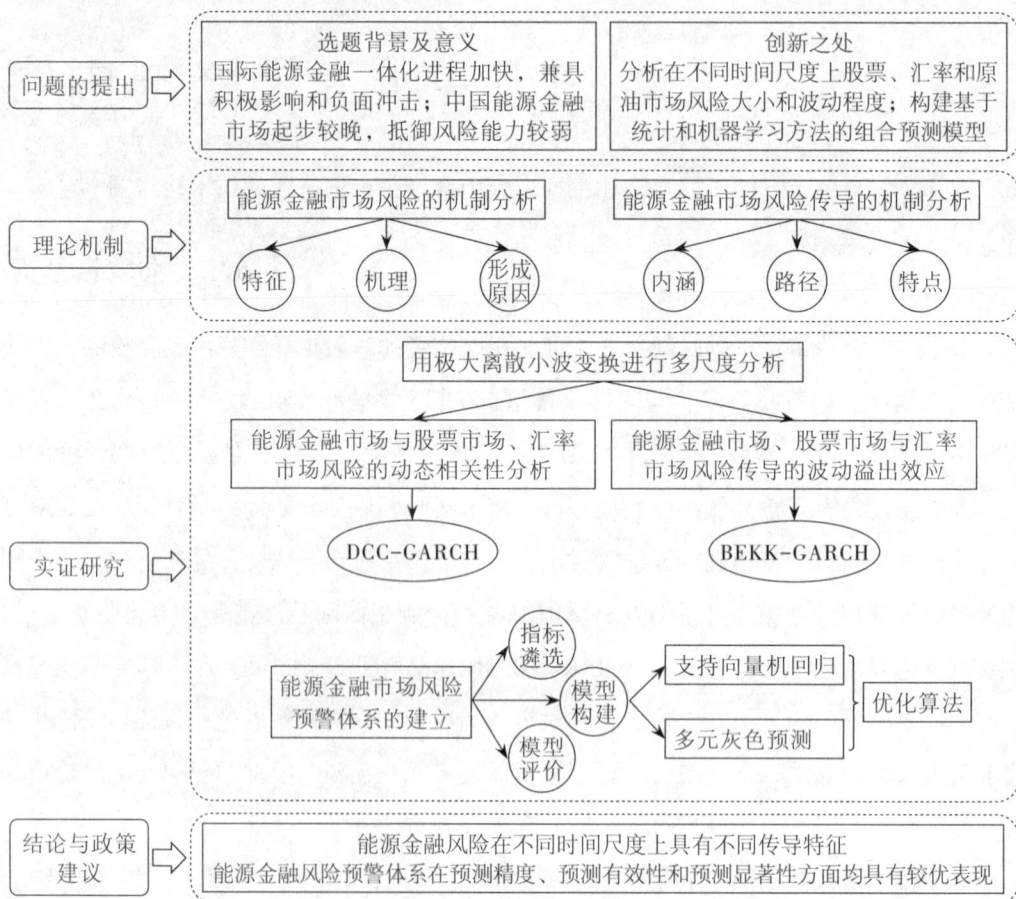

图1-1　本书的技术路线图

第2章主要对国内外能源金融市场风险测度、风险传导以及风险预警三个方面进行相关文献综述。现有研究存在以下不足：首先，现有文献对于传统金融风险传导的研究较为丰富，但是专门关注能源金融领域风险传导的文献并不多见。其次，能源金融跨市场间在不同的时间周期内会表现出不同的波动特征，这使得它们之间的相互作用可能存在多时间尺度特征，然而现有文献涉及多时间尺度的研究并不多见。再次，以往文献通常研究的是整个样本期间的风险传导，忽略了动态溢出效应随时间的变化特征。最后，在构建风险预警模型时，以往很多研究是基于单个预测模型进行建模，鲜有研究将人工智能算法和机器学习思想以及组合预测的思想融入其中。

第3章主要从能源金融市场自身风险和能源金融跨市场间风险传导两方面梳理并总

结分析了能源金融风险的相关理论。首先，分析了能源金融市场风险的特征、机理和形成原因。能源金融市场风险主要包括六个特征，分别是价格风险波动的时变性、尖峰厚尾、集聚性、持续性、非对称性以及联动性。在衡量能源金融市场与其他市场之间的风险传导机制时，普遍用"溢出效应"作为衡量"能源金融市场风险"的重要指标。风险溢出效应的产生机制可通过共有信息溢出和私有信息溢出来解释，而波动溢出效应的形成原因则需要从宏观层面和微观层面分别进行解释。其次，分析了能源金融市场风险的传导内涵、特点和路径。其中，本书定义的"能源金融市场风险传导"是指能源金融市场产生风险后在能源金融市场内部进行长期积累，当达到一定的阈值时，风险便会依托特定的传导载体，经由特定的传导路径，在能源金融市场内部或与之相关的市场间进行扩散和蔓延，从而使能源金融市场和与被传染市场偏离预期目标造成损失的过程。此外，市场间的风险传导具有非线性和非对称性特点。最后，重点分析了能源金融市场在股票市场、汇率市场、黄金市场等金融市场及其他相关市场间的风险传导路径。

第4章主要研究了国际石油市场与股票市场、汇率市场之间的动态相关性。首先，介绍了不同的小波分解方法，论述选择极大重叠离散小波变换的原因，并利用极大重叠离散小波方法将各类市场的收益率序列分解为四个时间尺度。其次，构建基于小波分解的非对称DCC-GARCH模型，探究国际石油市场对中美股票市场和汇率市场的动态相关性。实证研究结果表明，对于股票市场来说，在各个时间尺度下的动态相关系数均显著，并且长期尺度上的相关性大于短期尺度的相关性。对于汇率市场，国际石油市场与中国汇率市场的动态相关性逐渐增强，但相关程度远弱于美国汇率市场。不论是股票市场还是汇率市场，国际石油市场风险对中美两国均存在显著的非对称性特征。

第5章在第4章的基础上进一步研究了国际石油市场对中美股票市场和汇率市场的风险溢出效应。通过同时估计石油市场和股票市场、汇率市场收益率的均值和条件方差构建BEKK-GARCH（1，1）二元模型，从时间、频率和非对称性角度分析了国际石油市场与股票市场、汇率市场在小波尺度上的均值溢出和波动溢出效应的演化过程，并将样本时间段分为危机前、危机期间和危机后三个子阶段进行讨论。根据研究结果，我们得到了WTI原油市场与中美股市、WTI原油市场与中美汇市之间的风险溢出效应特征，即在多个小波时间尺度上，WTI原油和两类市场之间的风险溢出效应在危机前、危机中和危机后的各个时间段内是动态变化的，且普遍存在非对称性特征。一方面，国际石油市场对于美国股票市场和汇率市场的风险传导总体上都要强于其对中国股票市场和汇率市场的冲击影响，即能源金融市场风险对美国金融市场的影响要大于其对中国金融市场的影响。国际石油市场与美国股票市场的双向传导性均较强，相比之下，国际石油市场对中国股票市场的影响相对较弱。随着中国经济实力的增强，中国股票市场对国际原油期货市场的影响逐渐增强。此外，石油市场对中美股票市场风险溢出效应均存在显著的非对称性。另一方面，对于汇率市场，WTI原油市场在长期尺度下市场间的相互影响要大于短期尺度。对于中国汇率市场来说，人民币汇率改革以来，人民币汇率与国际石油市场之间的风险传导效应逐步加大，石油市场价格风险的冲击总体上存在较弱的正向性，应该多关注长期尺度间的相互风险传导。油价对美元汇率的风险传导实则是显著负向的，美元汇率风险也要远高于人民币汇率风险。此外，石油市场对中国汇率市场风险的溢出效应存在显著的非对称性，而美元指数风险溢出效应的非对称性整体上看并不明显。

第6章构建能源金融市场风险预警体系，建立了基于多因素的组合预测模型。首先，介绍了构建能源金融市场风险预警体系的意义，即避免能源虚拟金融风险转化为能源实体金融风险、保障能源价格稳定和能源安全供应以及为能源金融健康发展保驾护航。其次，论述了构建能源金融风险预警体系的原则，分别为系统性、层次性、准确性以及参照性。基于上述准则，本书所构建的能源金融风险预警体系包含评价指标筛选、组合预测模型构建和模型评价三部分。对于评价指标筛选部分，应该遵循全面性、科学性、可操作性和动态性，以保证评价指标的代表性和简洁性，利用熵权法实现指标筛选。其次，分别介绍了支持向量机和多元灰色预测模型的原理和特征，构建组合预测模型，并且基于精度损失最小，运用萤火虫算法优化组合预测模型的权重。从预测精度、预测有效性和预测显著性三方面综合评价组合预测模型的预测性能。实证结果表明，本章所构建的组合预测模型的预测性能优于单个预测模型、基于时间序列预测的模型和将萤火虫算法替换掉的其他组合预测模型，证明了本章构建的能源金融市场风险预警体系的有效性。

第7章是结论与政策建议，对全书的研究进行总结，提出与能源金融市场风险传导以及预警相关的政策建议，并对未来研究方向进行展望。通过对全书的论述和分析可知，国际石油市场与股票市场、汇率市场之间在不同时间尺度下存在动态风险溢出效应，即一个市场发生的风险极有可能引发另一个市场的风险，研究结论对于如何避免风险传导具有重要意义。另外，本书构建的能源金融市场风险预警体系在预测精度、预测有效性和预测显著性三方面均具有较好的预测性能，具有较大的实用价值和推广性。在未来的研究中，可以将更多能源金融市场考虑在内，探究各个市场之间的联动性与风险传导特征。

1.4　主要创新点与不足之处

本书在理论梳理、风险传导实证研究以及预警体系构建中均具有一定的创新性。

1.4.1　主要创新点

本书的创新点如下：

第一，关于能源金融风险理论的研究尚处于发展阶段，本书从能源金融市场风险特征、机理与形成原因以及能源金融市场风险传导的内涵、路径和特点方面梳理并总结了能源金融风险的相关理论。

第二，已有关于能源金融市场价格风险传导的研究中，忽略了在短期和长期中还包含更多的时间尺度，需要将波动期进行更细致的划分才能充分掌握国际能源金融市场价格波动的风险特征。本书利用极大重叠离散小波变换，将时间序列分解为更多不同的波动期，分析能源金融市场风险传导在不同尺度上的风险大小和波动程度，并对风险波动的非对称性进行讨论。

第三，本书通过建立改进的二元DCC-GARCH模型和BEKK-GARCH模型对能源金融跨市场间风险传导进行了研究。不仅考虑了股票市场、汇率市场多个市场层面，同时还从市场间动态相关性和溢出效应两个方面对能源金融市场风险传导进行了全面、综合的研究分析。

第四，本书构建了基于萤火虫优化算法的支持向量机和灰色预测模型相结合的多因素组合预测模型来对市场风险进行预警，该模型在预测精度、预测有效性和预测显著性方面均取得了较好的预测效果，能够有效防范能源金融市场风险。

1.4.2　不足之处

本书可能存在的不足之处如下：

第一，篇幅所限，本书只针对国际石油市场与中美股票市场、汇率市场的风险传导进行了研究，未将其他类型的能源金融市场（如天然气期货市场、电力期货市场）以及黄金市场等考虑在内，后续的研究可以从其他不同类型的市场层面进行更为全面的研究。

第二，本书对于风险传导的研究基于 GARCH 族模型，在今后的研究中，可以构建多元 Copula 模型以及更为复杂的网络模型来进一步检验能源金融跨市场间风险传导的复杂特征与关系。

2　相关文献综述

对于能源金融市场价格剧烈波动的情况，国内外学者进行了大量与市场价格风险相关的学术研究，本书从能源金融市场的风险测度、传导以及预警三个方面进行文献综述。

2.1　能源金融市场的风险测度研究综述

以往大量的研究表明，收益率序列不服从正态分布，表现出"尖峰厚尾、杠杆效应、波动集聚性、偏态性"等特征。Robert Engel 在 1982 年提出了 ARCH 模型。ARCH 模型即自回归条件异方差模型。对于金融时间序列，条件方差会随着不同时间提供的可用信息而变化，该模型可以采用某种自回归形式来解决这一问题。在之后的发展过程中，国内外经济学者和研究人员不断扩展挖掘该模型的潜在价值，为了让其能够更精确地解释金融相关领域数据的时间序列变化特征和预测未来序列数据的发展趋势，对 ARCH 模型进行了逐步扩展和完善。1986 年，Pollerslev 提出了广义 ARCH 模型，即 GARCH 模型。与 ARCH 模型相比，该模型具有更强的适用性，能较好地反映市场的动态变化特性，有效捕捉时间序列的异方差和波动聚集，描述高阶 ARCH 过程。然而，GARCH 模型并不能反映金融时间序列条件方差波动的不对称性，不能通过该模型来判别正向和负向冲击对金融时间序列条件方差的影响差异。为了解决这个问题，Ding（1993）等提出了一种非对称 GARCH 模型，即 APARCH 模型。考虑到对收益率条件方差的正、负向影响不同，这种非对称影响被称为杠杆效应。一般来说，时间序列的波动性存在于杠杆效应的负面影响中。该模型在对时间序列波动性的建模过程中虽然克服了杠杆效应，但忽略了收益率序列的"偏态性和尖峰厚尾"特征。

风险价值（VaR）是一种风险价值模型，该模型常被用于测度金融风险。G30 集团在金融衍生品研究的基础之上，提出了使用 VaR 方法来测度和预测金融市场的风险。之后，J.P.Morgan 在 1994 年提出了风险控制模型用于计算风险价值，即 VaR 值，主要用在金融市场、风险控制和绩效评估等方面上。随着 VaR 方法研究的深入，VaR 方法的应用范围也越来越广。由于 VaR 方法直接将金融时间序列的不确定风险进行量化处理，因此具有直观、有效的特点。此后多数国家将其作为衡量风险的标准，VaR 方法得到了广泛应用。在金融时间序列风险的研究中，国内外的经济学家和计量学家往往将 VaR 方法与 GARCH 模型和极值理论相结合。20 世纪 90 年代之后，国外出现了大量关于 VaR 方法的文献，主要分为两类：一是对风险价值法本身的优缺点进行评价，并对其进行完善和优化。在 VaR 方法中，最常用的方法有三种：历史模拟法、蒙特卡罗模拟法和方差协方差法。二是 VaR 方法在金融风险领域的应用，常与极值理论、GARCH 模型族等相结合。相关学者根据目前国内外大量的文献研究，将原油价格 VaR 与其他理论相结合，对金融时间序列波动率进行建模，进行了一系列的实证研究分析。

Engle（1982）首次对价格回报率的波动性进行了建模，使用自回归条件异方差模型（ARCH 模型）预测英国通胀率的不确定性。Engle 指出，剧烈的波动往往伴随着更显著的波动变化，而小的波动之后往往伴随着小的波动变化，这种现象被称为波动性聚类。之后，Engle 基于条件收益均值不变的假设，对聚类效果进行了度量。在能源领域，Fan 和 Jian（2006）采用改进的历史模拟方法，即 ARMA 模型预测（EDFAAF）和指数降频法来衡量布伦特原油市场价格的 VaR。结果表明，EDFAAF 方法在原油市场风险度量方面比历史模拟方法更有效。Giot 和 Laurent（2003）评估了风险度量的表现，在布伦特和 WTI 原油市场风险度量中使用了 skewed t-APARCH 和 skewed t-ARCH 模型，研究结果表明，skewed t-APARCH 模型在大多数情况下都是最优的。然而，传统 ARCH 模型存在一个无法捕捉到其他风格化的波动性特征的致命缺陷。Bollerslev（1986）通过建立广义条件异方差模型（GARCH 模型）拓展了 ARCH 模型。该模型在消除了收益序列中的过度峰度的前提下，极大地扩展了 ARCH 模型的能力。但 GARCH 模型的缺陷是该模型是一个线性模型，不能解决金融时间序列的厚尾分布问题。基于此缺陷，Nelson（1991）提出的指数型 GARCH（EGARCH）模型、Engle（1993）提出的二次型 GARCH（QGARCH）模型以及 Glosten、Jogannathan 和 Rankle

（1993）提出的GJR模型等多种非线性GARCH模型很好地解决了金融时间序列的偏态分布特征问题。近几十年来，对不同金融市场中存在的均值和波动溢出效应的研究建模越来越多。Tse（1999）发现，在双变量EGARCH模型下，道琼斯工业平均指数和指数期货市场之间存在显著的双向信息流动。Papapetrou（2001）通过多元VAR方法研究了油价、实际股价、利率、实际经济活动和就业之间的动态关系。Papapetrou的结论是油价变化影响实际经济活动和就业，而股票回报率不会导致实际活动或就业的变化。Huang等（2008）研究了五种不同能源商品在不同分布条件下的GARCH模型的VaR测度表现情况，研究结果表明尖峰厚尾分布下GARCH模型对能源类商品的风险测度更为有效。Fan等（2008）利用GED-GARCH模型对原油的VaR进行了估计。结果表明，基于 GED-GARCH模型的VaR测量方法相比于历史模拟与ARMA预测相结合的方法在原油VaR测量中更有效。同时，他们还发现WTI原油收益存在非对称杠杆效应，但布伦特原油收益不存在非对称杠杆效应。Kang等（2009）和Wei等（2010）运用非线性和线性GARCH模型族来模拟布伦特原油和WTI原油的波动。Kang认为FIGARCH模型和CGARCH模型在原油波动率预测方面要明显好于其他模型，Wei则认为不会存在一个模型可以在任何情况下都具有绝对优势。Aloui和Mabrouk（2010）运用HYGARCH、FIAPARCH和FIGARCH模型来测度原油的VaR，其研究指出，厚尾、长记忆和非对称模型在VaR预测方面具有优势，FIAPARCH模型相较于其他模型实证效果更为出色。Mensi（2013）利用VAR-GARCH模型检验了标准普尔500指数和大宗商品价格指数之间的收益联系和波动溢出效应。Lee（2014）运用动态条件相关（DCC）、恒定条件相关（CCC）和BEKK模型研究了七国集团股价与WTI原油价格之间的波动溢出效应。Zhang（2013）用一种新发展的因果方差检验方法研究了七国集团和金砖四国股票、债券市场之间的波动溢出效应。

对于能源金融市场价格剧烈波动的情况，国内很多学者也做了大量相关研究，大体上可以划分为两类：一是对能源金融市场价格风险进行定性分析。由于石油、天然气等能源产品所具有的金融属性和能源金融衍生品的陆续创新，金融市场与能源市场的关联性更为紧密。越来越多的目光聚集到能源市场的相关金融投资中，能源市场也由过去简单的能源商品交易市场逐步发展为复杂多变的全球市场。能源金融市场价格风险不仅受到供需关系影响，同时还受到政治事件、经济条件、投资市场和投资者投资偏好、地区因素等诸多因素的影响。石油、天然气的金融属性引起了许多学者的关注研究，能源的定价机制以及能源价格风险的来源、影响等都被进行了大量研究分析。二是对能源金融市场价格风险进行定量分析。学者基于GARCH族模型、极值理论等理论以及VAR理论对能源、金融市场风险进行研究，通过构建波动率模型来进行参数估计和实证方面的研究。基于构建的能源价格收益率波动率模型，研究发现能源价格波动呈现出"尖峰厚尾、集聚性"等特征。

冯春山等（2004）采用半参数VaR方法计算了WTI原油市场的风险情况。基于对原油价格收益序列所具有厚尾特征的考虑，不能使用常用的GARCH模型参数估测VaR值，即便该方法可以在95%置信水平下进行估测，但会低估在99%置信水平下的VaR值。实证研究发现，半参数法可以大大提高99%置信水平下风险度量的准确性。余炜彬等（2007）对布伦特和WTI原油现货市场的实证研究进行了两个改进：将聚类值方法与极值理论的阈值模型结合，采用线性回归方法建立原油价格序列的阈值模型；将游程检验与簇值法结合，放宽阈值模型参数的最大似然估计假设，对阈值模型进行修改，得到了更为合理的VaR估测结果。马超群等（2001）对VAR模型进行研究时，将极值理论与VAR风险价值理论中的历史模拟法和参数化方法结合，提出了两种新的方法来计算VAR风险价值，即为半参数法和完全参数法。利用极值理论，可以很好地解释时间序列的尖峰厚尾现象。王鹏和魏宇（2012）使用不同的风险度量模型来分析中国燃料期货的VaR和ES，其实证发现，考虑到模型对价格变化动态的描述效果和极端风险的度量精度，选择FIGARCH模型进行研究是较为合理的。周孝华等（2012）采用EGARCH-EVT-t Copula模型对布伦特和WTI原油在不同时期的VaR值进行了估计，其研究发现，VaR值的绝对值会随着置信度和期限的增加而增加。潘惠峰（2006）建立了基于GED分布在WTI和中国大庆石油市场风险的GARCH模型，得到了油价上下波动的VaR值，其分析发现，在极端情况下，两个市场具有非对称性特征，即油价上涨的风险要高于油价下跌的风险，这是因为原油市场上供需双方地位不平等。何树红等（2010）用EGARCH模型来研究国际原油价格波动，发现非对称性在国际原油价格系列中存在，也就是说，正面冲击和负面的影响对石油价格波动的冲击程度是不一致的，正向冲击会加剧油价波动。通过相关研究可以看出，研究测度结果不同可能是样本不同、时间范围不同以及模型选择不同等原因造成的。

2.2　能源金融市场风险传导研究综述

随着经济全球化和金融自由化的发展，各个市场之间的关系也越发紧密。能源金融市场价格波动较大，不仅增加了投资风险，而且影响了社会经济的稳定发展。在复杂的能源金融市场运作中，风险无处不在。Forbes 和 Rigobon（2002）认为风险传导是指受到外部或内部冲击后各市场风险联动性的显著增加。目前，这种观点已被相关研究广泛接受，传染源类市场与受感染类市场之间不断增强的相关性是对金融传染的主流理解认识。金涛（2010）指出，金融变量的联动形式多种多样，包括同步联动、领先或滞后联动、一阶（均值）或二阶（平方差）联动、内生或外生性联动等。Caramazza 等（2000）以亚洲、俄罗斯和墨西哥的金融危机为例，实证发现金融相关性对风险蔓延和危机爆发的重要影响和作用。可以看出，如果不同的金融市场和机构之间的相关性非常低，独立事件很难在短时间内发展成为全面的系统性风险。许多专家学者运用相关性方法来探索风险感染问题，例如动态相关系数，各类多元 GARCH 模型，非参数时变 Copula 相关系数分位数回归模型等。

现有的风险传染文献大体上从风险传染关系、风险传染渠道和风险传染程度角度入手研究。风险传染关系研究的重点是不同市场之间的风险传染联动性关系。风险传染渠道研究的重点是风险传导的路径和方式，传染程度研究的重点是传染关系的量化以及正负向冲击所产生的联动性变化的程度。本章从国际石油市场与股票市场风险传导以及国际石油市场与汇率市场风险传导两方面对现有文献进行回顾。

2.2.1　能源金融市场与股票市场风险传导研究综述

近年来，有关石油市场与股票市场风险波动的研究受到越来越多的关注，石油市场和股票市场之间的联系已经被大量学者进行研究。现有研究考察了石油市场与股票市场之间的风险传导关系，但对于这种关系是积极的还是消极的却始终没有达成共识。

关于石油与股票市场关系的实证文献始于 Jones 和 Kaul（1996），他们认为油价对股市收益率有负面影响，并将油价作为股市的风险因素。其认为油价上涨对美国、英国、加拿大和日本的股票市场回报率产生负面影响，这一结果主要是由油价冲击对企业实际现金流的影响所驱动的。石油金融化的相关文献激发了学者对研究石油价格与股票市场收益之间因果关系的兴趣。此后,出现了大量的实证研究对这种关系进行了检验,这些研究大多假设油价冲击是外生的,并测试其对股市回报的影响,研究结果却不相同。一部分研究文献佐证了石油价格对股票市场价格有负面影响这一结论,即石油价格的上升(下降)会使股票价格降低(上升)(如 Jones 和 Kaul,1996;Sadorsky,1999;Kling,1985;Gjerde 和 Saettem,1999;Papapetrou,2001;Basher 和 Sadorsky,2006;Driesplong 等,2008;Park 和 Ratti,2008;Filis,2010)。石油价格对股票市场价格为负相关的支持者认为,油价上涨会增加生产成本,从而导致收益和股息降低,从而降低股票价格。相比之下,石油供应冲击导致的石油价格上涨影响了经济,导致石油价格与股票回报率之间的负相关(如 Cunado 和 De Gracia,2014;Cashin 等,2014),石油需求冲击比石油供应冲击对股票回报的影响更大(例如,Güntner,2014;Kilian 和 Park,2009)。与之相反,许多研究表明,石油需求冲击导致的油价上涨被视为股市的一个利好消息,在油价和股票回报之间产生了积极的联系(例如,Basher 等,2012;Kilian 和 Park,2009;Güntner,2014;Kang 等,2015)。Sadorsky(2001)认为,油价与股票市场回报率之间存在正相关关系,油价是由汇率、风险溢价和利率共同决定的。Yurtsever(2007)、Kilian 和 Park(2009)、Narayan 和 Narayan(2010)、Zhu 等(2011)、Zhu 等(2014)、Silvapulle 等(2017)也确认了石油与股票的正相关关系。然而,Wei(2003)对石油与股票相关性的研究结果显示两者关系并不显著,他认为石油价格对于股票市场价格的影响是不可预测的。Apergis 和 Miller(2009)使用了8个发达国家的样本,发现石油市场冲击对股票市场收益没有显著影响。随着研究的不断推进,许多文献得出了双向的因果关系。Malik 和 Ewing(2009)、Phan 等(2016)、Bouri 等(2017)都发现了石油市场风险与股票市场风险之间的双向关系。Fayyad 和 Daly(2011)试图通过使用统计模型向量自回归(VAR)获取7个国家(科威特、阿曼、阿拉伯联合酋长国、巴林、卡塔尔、英国和美国)的数据集,研究石油和股票市场指数收益之间的相互依赖性。Basher 等(2012)发现,正向的油价冲击往往会对新兴股票市场产生负面影响,而新兴股票市场业绩的增长对油价会产生积极的影响。

上述文献揭示了石油价格与股票市场之间联系的复杂性。然而,有些结论可能存在缺陷,其中的一个原因是某些方法仅仅考虑线性问题而忽略了非线性问题。Zhang

（2008）的研究结论是线性方法不能检测市场间的相关性，在使用非线性测试时结论是不同的，表明石油价格冲击对股票市场影响具有非线性特征。越来越多关于油价与股票市场之间的研究考虑到非线性分析，例如 Aloui 和 Jammazi（2009）、Bampinas 和 Panagiotidis（2017）。Ajmi、El-Montasser、Hammoudeh 和 Nguyen（2014）研究了黑天鹅时期中东和北非石油市场与股票市场之间的非线性因果关系。结果表明，石油市场和股票市场表现出非线性趋势，其中布伦特原油价格对股票市场的非线性影响比西得克萨斯中质油价格对股票市场的非线性趋势影响变化更为明显。Ghosh 和 Kanjilal（2016）在多元框架下研究了石油价格和印度股市之间的非线性协整。Wen 和 Xiao 等（2019）重点研究了石油价格与中国股市之间的非线性因果关系，发现石油价格可以通过非线性渠道广泛地影响中国股票价格。

Ciner（2001）通过研究证实石油价格与股票市场呈现非线性的关系，认为石油价格和股票指数的多尺度特征是导致两个市场之间呈非线性关系特征的主因。有部分学者对石油市场价格和股票市场之间的复杂关系进行了多尺度探索研究。Yousefi 和 Weinreich（2005）利用小波变换对石油价格进行预测，结果表明基于多时间尺度深度挖掘有效提升了石油价格预测的精准度。Ramsey 和 Usikov（2011）利用小波变换检验了不同尺度下美国股指的自相似性，研究发现美国股指表现出非随机特征，在石油价格波动较大时表现出一定逆周期性。Jammazi（2012）利用离散小波变换（DWT）、小波协方差和方差分析了国际石油价格与英国、美国与日本等国股指的关系。Jammazi 和 Aloui（2012）将神经网络和小波变换相结合，分析了多时间尺度下的石油价格特征，并对油价进行了预测。Lehkonen 和 Heimonen（2014）利用小波变换和DCC-GARCH模型对金砖国家、美国与日本等国股市之间的多尺度联动关系进行了检验，研究结果表明不同地区、不同发展水平、不同时间尺度的股票市场之间的联动程度不同。Reboredo 和 Rivera Castro（2014）利用小波变换从国家层面角度出发对国际石油价格与欧美股指的关系进行多尺度分析研究。Jia 等（2015）基于石油价格的多时间尺度特征，利用小波变换方法分析了国际石油价格与我国大庆原油价格的联动关系，研究发现大庆石油价格与国际油价在不同时间尺度上存在不同的联动关系，充分体现了石油价格序列中隐藏着多时间尺度特征。Huang 等（2017）在多尺度视角下对国际石油市场价格与股票市场价格的非线性关系进行了研究分析。国内关于能源金融市场的多时间尺度研究相对较少，杨云飞

（2010）提出了基于 EMD 分解和支持向量基的石油价格波动预测方法，并对石油价格波动进行了预测。杨云飞（2011）采用 EMD 分解方法，分析了世界不同市场间石油价格波动的相关性，并做出了合理有效的预测。刘金培等（2011）根据原油价格波动的非线性、不稳定特点，提出了马尔科夫动态模型与小波分解相结合的交叉模型对石油价格进行预测。黄书培（2018）对国际石油市场价格与中国宏观经济的非线性关系进行了多时间尺度研究。

此外，一些研究还从非对称性角度考察了石油市场与股票市场之间的联系，结果表明石油与股票之间可能存在非线性特征。部分研究发现，石油价格的涨跌对股票市场和部门回报率的影响是不对称的（例如，Sadorsky，1999；Basher 和 Sadorsky，2006；Hu 等，2018；Zhu 等，2016b）。Arouri（2011）发现了股票收益对石油价格变化影响不对称性的有力证据。一些研究表明油价上涨对股市回报的影响大于油价下跌（例如，Broadstock 和 Filis，2014；Jiménez Rodríguez，2015）。另外一些研究发现，油价下跌对股市回报的影响比油价上涨更为显著（例如，Narayan 和 Gupta，2015；Badeeb 和 Lean，2018）。Sim 和 Zhou（2015）使用分位数对分位数回归方法来估计美国油价冲击分位数对股票收益分位数的影响。他们证明了石油价格和股票之间的非对称性关系，即当石油市场处于负向冲击时对股票市场的影响更大，而石油市场处于正向冲击下，对股票市场的影响没有那么强。Phan、Sharma 和 Narayan（2015）同样认为，未来的研究不应忽视油价变化与股票回报之间的非对称关系。Ajmi 等（2014）通过非线性和非对称因果关系检验，分析了中东和北非地区石油市场和股票市场之间的非线性联系。Alsalman 和 Herrera（2015）指出，石油价格冲击对某些行业的股票回报率具有非对称影响，其中许多行业既不是消费能源密集型行业，也不是生产能源密集型行业。Narayan 和 Gupta（2015）发现，油价的负变化比油价的正变化更能准确预测美国股市的回报。基于非线性协整检验，Ghosh 和 Kanjilal（2016）证明了在金融危机之后，石油市场和印度股市之间的非线性联系是显著的。Salisu 和 Isah（2017）使用非线性面板 ARDL 方法发现，油价变化会不对称地影响石油出口国和石油进口国的股市。Badeeb 和 Lean（2018）采用非线性自回归分布滞后协整方法，从部门角度揭示了油价对伊斯兰股票的非对称影响。与石油股票回报率上升时相比，石油股票回报率下降对石油和股票市场参与者的心理影响更为强烈。基于这种非对称的心理效应，可以判断当石油类股票收益率下降时，石油类股票对原油期货的波动溢出比石油类股票收益率上升时更强。Benartzi 和 Thaler（1995）提出损失厌恶理论，认为人们对损失的厌恶意味着他们对损失的敏感度明显高于对收益的敏感度。这种心理影响在国际石油和股票市场上是非常重要的。Narayan 等（2014）以及 Dowling 等（2016）也考虑了市场心理对石油市场的影响。基于这一理论，研究人员发现市场参与者对石油权益回报率下降的敏感性明显高于对增长的敏感性，因此推断石油市场与股票市场间可能存在非对称波动溢出效应。然而，也有一些研究未能找到证据支持油价对股市回报率的不对称影响（例如，Nandha 和 Faff，2008；Bachmeier，2008）。

从以往文献的风险传导路径上来看，主要总结了五种石油价格对股价波动的风险传导渠道。第一，股票估值渠道是石油价格变动对股票市场产生影响的直接渠道。根据股利贴现模型，股票收益率会受到预期现金流或折现率因素的影响，其中包括油价变化所带来的影响，因为油价上涨会对公司的现金流产生积极或消极的影响。对于石油消费型企业来说，生产中重要投入的价格上涨将导致生产成本增加，这将对未来现金流产生负面影响（Filis、Degiannakis 和 Floros，2011）。相反，对于一个石油生产型企业来说，油价上涨将增加其利润率和未来的现金流，从而影响股价变动。第二，货币渠道是石油价格变动通过对折现率的影响继而影响股票收益的渠道。假设央行通过改变政策（短期）利率来应对预期通胀的变化，这些利率会受到预期通胀的影响。油价上涨往往会增加石油生产国和石油需求国的预期通胀率（Mohanty 等，2013），央行通常会通过提高政策利率来应对更高的预期通胀率。政策利率的提高导致贴现率的提高，从而对股票价格产生负面影响，出现较低的股票市场回报。第三，产出渠道是基于油价波动影响总产出的经验证据（Hamilton，2003；Kilian，2008；Hamilton，2009）。石油价格变动通过对总需求的影响，使企业的预期现金流量受到影响，继而影响股票市场收益率。第四，财政渠道主要影响石油出口经济体，石油收入在为大型基础设施项目融资方面发挥着重要作用。石油价格的上涨导致石油出口经济体的收入增加，从而允许政府增加购买（Dohner，1981）。如果私人消费和政府支出是互补的，那么政府购买的增加会促进私人消费，从而导致总需求的增加，出现较高的公司现金流，进而导致较高的股票市场回报。第五，不确定性渠道（Brown 和 Yücel，2002），油价上涨会导致实体经济更大的不确定性，因为前者会对通胀和总需求产生影响。更高的不确定性会影响家庭消费决策，特别是在耐用品方面（Pindyck，2003）。家庭储蓄增加会减少当前消费，对总需求产生负面影响。较低的需求降低了公司的预期现金流，对持久性好的生产商的股票市场回报产生负面影响。

从以往文献的研究角度来看，一些文献研究了石油进口经济体和石油出口经济体之间的关系，结果表明石油与股票市场之间的相互影响与各国的异质性密切相关。例如，Park和Ratti（2008）发现，石油出口国和进口国价格变动对股票市场的影响结果差别很大。具体而言，对于石油出口国而言，股票市场在油价受到正面冲击后会获得价值，但对于石油进口国而言，油价受到正面冲击后会失去价值。Kilian和Park（2009）研究发现，美国实际股票回报率对油价冲击的反应在很大程度上取决于油价变化是由需求还是供应冲击驱动。Wang、Wu和Yang（2013）验证了前人的研究成果，结果表明一国股票市场在受到油价冲击后的反应幅度、持续时间和方向取决于该国在世界石油市场上是净进口国还是净出口国，以及油价的变化是否主要由供求冲击驱动。

从石油进出口国的角度来看，学者们往往选用不同样本和模型来研究石油进出口国的风险传导机制。Arouri（2012）采用来自美国和欧洲国家的每周观察数据，利用二元模型观察到石油股票相关性波动溢出的证据。Cuando等（2014）利用向量自回归（VAR）和向量误差修正（VEC）模型对1973年2月至2011年12月的欧洲股票指数进行了研究，确定了油价波动对股票市场收益的显著负影响。Broadstock和Filis（2014）通过对1995年至2013年期间的多元模型进行无条件相关分析，发现了油价波动对美国指数的股票收益以及对行业股票指数的影响。在亚洲视角下，Sarwar（2019）通过保留亚洲三大石油进口国股票指数的日数据，对石油收益与股票市场收益相关性的波动性溢出进行了研究，发现日经指数收益与原油收益之间存在双向溢出，而Nifty 225指数与原油收益之间存在单向波动传递，但是在中国的样本数据中并没有发现足够显著的波动溢出迹象。Bouri（2017）对印度股票市场与原油和黄金价格的关系进行了研究，并记录了黄金和石油的隐含波动率对印度股票市场隐含波动率的非线性和正向影响。Bilgin（2015）利用随机选取的10个亚洲发展中国家的数据，研究了能源价格对亚洲发展中国家总体经济的影响，采用RV和GARCH模型得出结论，能源价格对一个国家的经济产生负面影响。最令人印象深刻的负面影响分别发生在土耳其、中国和印度。中国股票指数对原油价格变动也有正向的反应，但Zhang和Chen（2011）认为这种影响较小。相比之下，Cong（2008）等的研究证实了石油冲击对中国股市的不显著影响。他们表示，除了制造业指数和一些石油公司外，油价冲击对多数中国股市指数的实际股票回报率没有显示出统计上的显著影响。再从石油出口国来看，Hammoudeh 和 Aleisa（2004）以石油出口国沙特阿拉伯为例，研究了海湾合作委员会国家间的关系以及其与纽约商品交易所期货的关系，发现石油和股票市场的关系具有双向相关性。此外，Jimenez-Rodriguez（2005）和 Bjornland（2009）研究发现，油价上涨将对石油出口国产生积极影响，因为该国的收入会因此增加。国家收入水平的提高会使支出和投资直线上升，最终使一个国家的生产力环境和失业率下降。当然，股票市场的回报会是十分积极的。在石油出口国方面，Arouri 和 Rault（2012）运用 Bootstrap 面板协整技术和似乎不相关回归（SUR）方法预期报告了石油价格正向冲击的消息，这对海湾合作委员会国家的股票指数变化产生了积极的影响，这与 Zarour（2006）的研究结果基本一致。Awartani 和 Maghyereh（2013）研究了海湾合作委员会成员国石油和股票之间收益和波动的动态溢出，发现石油和海湾合作委员会国家之间存在双向溢出和波动关系，在 2008 年全球金融危机之后更加明显。Trabelsi（2017）采用了 DCC-GARCH 模型和 CoVar 测度，研究了即沙特阿拉伯（TASI）、阿联酋（DFM）和俄罗斯（RSI）在 2007 年 2 月至 2016 年 7 月期间的油股间溢出效应。

Park 和 Ratti（2008）研究发现，油价冲击对美国和许多欧洲国家的股市产生负面影响，而被视为石油出口国的挪威的股市对油价上涨表现出积极反应。Mohammadi 和 Su（2010）采用了四类具有对称和非对称规范的条件波动模型，即 GARCH、EGARCH、APARCH 和 FIGARCH，分析了油价均值和波动率的动态关系。研究涵盖了 1997 年 1 月至 2009 年 10 月期间的情况，使用了石油出口国和进口国以及欧佩克和非欧佩克成员国11 个原油现货价格的每周数据。Mohammadi 和 Su（2010）的研究结果表明，石油收益率的条件波动表现出时变行为，条件方差不对称效应是混合的。Filis 等（2011）研究了三个石油进口国（美国、德国和荷兰）和三个石油出口国（加拿大、墨西哥和巴西）的石油价格和股票市场价格之间的时变相关性，发现石油进口国与石油出口国之间的动态相关性并无差异。Wang（2013）等通过从石油进口国和石油出口国获得数据，对石油与股票之间的关系进行了研究。他们研究发现，石油冲击对各国股票市场的影响各不相同，石油出口国的总需求不确定性对股票市场的影响比石油进口国会更大，也会更持久。Guesmi 和 Fattoum（2014）采用了非对称 DCC-GARCH-GJR 方法研究了石油进口经济体（美国、意大利、德国、荷兰和法国）和石油出口经济体（阿联酋、科威特、沙特阿拉伯和委内瑞拉）的股票市场价格与油价之间的时变相关性。研究结果表明，油价冲击对石油进口经济体和石油出口经济体的石油股票市场关系都有重大影响，尤其是在全球动荡时期。非经济危机时期石油对股票市场的负相关关系更强，经济繁荣时期石油对股票市场的正相关关系更强。Demirer 等（2015）研究发现，对于一些阿拉伯国家的股票市场，油价上涨会导致股票回报率上升。Boldanov（2016）研究了 2000 年 1 月至 2014年 12 月期间石油进口国和出口国的石油价格（布伦特原油价格）与股票市场波动的时变条件相关性。在实证研究中，其处理了六个主要的石油进口/出口经济体，即加拿大、俄罗斯和挪威（三个石油出口国）和美国、中国和日本（三个石油进口国）。为了研究石油进口和石油出口经济体随时间变化的石油-股票市场关系，其采用了 BEKK-family模型，实证研究结果显示，石油进口国和出口国在石油与股票市场之间存在一个时变的动态关系。

2.2.2 能源金融市场与汇率市场风险传导研究综述

从经验上看，最初石油价格与汇率之间相互作用的学术研究大多基于理论模型分析，而后有大量文献通过实证研究探讨了油价与汇率之间的因果关系，但研究结果各不相同。

美元是国际石油市场的主要计价结算货币，也是石油价格冲击传导到实体经济和金融市场的主要渠道，以往的许多研究都侧重于石油价格是否影响汇率。Krugman（1983）和 Golub（1983）开创性的提出了一些模型，为石油价格变化如何影响汇率提供了理论推理，也为以后的实证研究提供了基础。其研究结果表明，当石油价格上涨时，石油出口国的财富会增加，这会导致其本币经常账户余额的改善。因此，他们的模型预测了石油出口国的货币升值和石油进口国在油价上涨后的货币贬值。基于因果关系检验，现有文献通过 Granger 检验发现油价变动会影响实际汇率（Throop，1993；Dibooğlu，1996；Amano 和 Van Norden，1998a，1998b；Chaudhuri 和 Daniel，1998；Bénassy-Quéré等，2007；Chen 和 Chen，2007；Coudert 等，2008；Lizardo 和 Mollick，2010；Bouoiyour等，2015）。Amano 和 Norden（1998a）研究发现，美元价值和原油价格是有联系的，油价的变化会引起汇率的变化，但反过来汇率的变化则不会对石油价格产生影响。Akram（2004）指出，油价与挪威汇率之间存在负的非线性关系。Chen 和 Chen（2007）利用 1972 年至 2005 年 G7 国家的月度数据，探讨了实际油价与实际汇率之间的长期关系。Ghosh（2011）的研究显示，油价回报率上升导致印度卢比对美元汇率贬值。Wang 和 Wu（2012）通过线性和非线性因果关系检验，报告了全球金融危机前（后）从油价到汇率的显著单向线性因果关系（双向非线性因果关系）。结果表明，波动溢出和制度变迁是非线性因果关系。Bouoiyour 等（2015）以俄罗斯为例，发现在低频率上存在从油价到实际有效汇率的单向因果关系。也有研究指出油价的上涨与美元升值一致（例如 Throop，1993；Dibooğlu，1996；Amano 和 Van Norden，1998a，1998b）。相关研究结果存在一些争议，例如 Basher 等（2012）发现短期内，对油价的正面冲击往往会压低美元汇率。Beckmann 等（2016）发现，油价上涨与石油进口国的美元升值相关，然而油价上涨与石油出口国的美元贬值相关。Yang 等（2017）则得出不同结论，认为原油价格与石油出口国汇率之间的负相关得到确认，原油价格与石油进口国汇率之间的关系不确定。Nusair 和 Olson（2019）在考虑结构突变和不对称后，使用分位数回归研究了油价冲击对亚洲国家货币的影响。研究结果表明，石油冲击对汇率的影响是不对称的，这种影响取决于市场状况。

另一部分学者的研究则侧重于汇率是否影响石油价格。Pindyck、Rotemberg（1990）和 Sadorsky（2000）发现汇率的变化会影响油价。Sadorsky（2000）研究了原油、取暖油和无铅汽油的能源期货价格与美元有效汇率之间的协整关系，指出原油期货价格与贸易加权汇率指数相结合，意味着这两个变量之间存在长期均衡关系。他提供了进一步的证据，表明汇率将外部冲击传递给原油期货价格。利用广义矩方法，Yousefi 和 Wirjanto（2004）发现美元汇率波动与油价之间存在负相关关系。Zhang 等（2008）研究了美元汇率的平均溢出效应对油价的影响，认为美元贬值推高了国际原油价格。从长期来看，美元汇率对原油价格的影响很大，但从短期来看，影响有限。Akram（2009）的研究结论表明，美元贬值会导致原油价格上涨，美元震荡在油价波动中占很大比重。Beckmann 和 Czudaj（2013a，2013b）的研究表明，经济体之间的因果关系结果不同，但最重要的因果关系是汇率与油价之间的关系，随着油价上涨，美元会贬值。Bal 和 Rath（2015）应用 Hiemstra 和 Jones（1994）的非线性 Granger 因果关系检验，观察到油价和汇率之间存在显著的双向非线性Granger因果关系，这意味着油价滞后信息影响了印度和中国的汇率，反之亦然。Chou和Tseng（2016）发现，汽油价格对汇率冲击的反应缓慢而复杂，在初始汇率贬值期间会反向调整。Jawadi等（2016）发现美元（对欧元）与石油回报率之间存在负相关关系，这表明美元升值将导致石油价格下降。Singh等（2018）以2007年5月至2016年12月为样本期，研究主要货币汇率与原油价格波动之间的关系，指出欧元对油价波动性的变化最为敏感，也会将重大风险转移给其他货币。

一方面，Krugman（1983）的开创性工作得出结论，石油价格上涨后，石油出口国的财富增加，从而改善了以本国货币计算的经常账户余额。因此，油价上涨将导致石油出口国汇率升值，石油进口国汇率贬值。另一方面，Lin和Su（2020）提供了关于油价与汇率之间理论和实证关系的综合文献综述。他们的结论是两个变量之间存在双向因果关系，这意味着使用一个变量预测另一个变量具有实质性的好处。因此，政策制定者和金融市场参与者对理解经济中这两个重要变量之间的潜在关系非常感兴趣。然而，有一些实证研究表明，油价与汇率之间没有显著关系。基于VAR模型，Sari等（2010）认为美元/欧元汇率对油价的反应和油价对汇率的反应均不显著。Soytas等（2009）发现石油价格没有土耳其里拉–美元汇率的预测能力，里拉汇率对石油价格的长期影响不显著。Mensi等（2015）的研究表明美元汇率与石油市场之间存在显著的不对称波动溢出和双向或反馈波动溢出效应。Reboredo（2012）记录了油价和汇率之间类似的不对称调整，发现在全球金融危机之后，石油与汇率的协同运动加剧。Wang和Wu（2012）采用线性和非线性因果关系检验，结果表明，在金融危机之前，从石油价格到汇率存在单向线性因果关系。金融危机后，石油价格与汇率之间存在双向非线性因果关系。关于石油冲击的影响，Atems等（2015）认为汇率对原油市场的不同冲击的反应是不对称的，这取决于冲击的类型以及冲击是大是小、是正是负。Aloui和Aïssa（2016）探讨了汇率与油价之间的显著对称关系。Basher等（2016）证明了同期石油冲击对实际汇率的不对称影响。石油需求正向冲击对存在升值压力的石油输出国影响显著，石油需求冲击对石油进口国的影响不同。石油供给冲击对汇率的影响则十分有限。Yang等（2017）利用10个主要石油出口国/进口国的两组石油经济体，研究了石油市场与汇率市场之间的联动动态。巴西、加拿大、墨西哥和俄罗斯被视为石油出口国，而印度、日本、韩国和欧盟被视为石油进口国。在他们的实证研究中着重于时间/频率分析，以捕捉不同时间尺度的石油汇率对的共同运动程度。通过对石油进口国和石油出口国的分析，他们的研究结果表明，与石油进口国相比，石油价格对石油出口国汇率的影响程度更大。根据文献经验可以总结出国际油价与美元汇率之间存在公认的理论联系。一方面，Golub（1983）和Krugman（1983）记录了油价如何解释汇率变动。其指出石油出口国（石油进口国）在油价上涨时可能会经历货币升值（贬值），而在油价下跌时可能会经历货币贬值（升值）。另一方面，Bloomberg和Harris（1995）对汇率对于油价走势的潜在影响作出了解释。由于石油是一种以美元计价的同质的国际贸易商品，因此随着其购买力和石油需求的增加，以美元计价的原油价格被推高。也有部分学者认为，货币政策对油价波动的反应可以放大油价的冲击。此外，由于美元是国际石油市场主要的结算货币，因此本币对美元的汇率是油价冲击传导到实体经济的关键渠道，对石油输出国和石油进口国的影响不同。

从以往文献来看，石油市场和汇率市场之间主要存在两种截然不同的理论传导渠道。第一个渠道是石油价格冲击通过贸易条件对实际汇率产生影响，油价冲击可能通过贸易条件传导到一国的汇率（Amano和Van Norden，1998a，1998b；Chen和Rogoff，2003；Benassy-Quere等，2007；Chen和Chen，2007）。Amano和Van Norden（1998a，1998b）提出了一个简单的模型，其中包含两个部门，分别用于贸易（石油）和非贸易（劳动力）投入。可交易部门的产出价格在国际上是固定的，因此实际汇率被确定为可交易的。随着产出价格的上升，实际汇率也会上升。这一观点的经验证据表明，石油价格的变化决定了贸易条件的大部分变化，从而以不同的方式对石油出口国和石油进口国产生影响（例如，Amano和Van Norden，1998a，1998b；Backus和Crucani，2000；Cashin等，2004；Chen和Rogoff，2003）。Chen和Chen（2007）构建了一个理论模型，其中包含国内和国外可贸易和非贸易商品的两个部门。利用该模型，他们导出了一个将实际汇率与石油实际价格联系起来的单一方程，这意味着一个国家对进口石油的依赖程度是影响其实际汇率的重要因素。Chen（2007）得出结论：如果本国更依赖进口石油，实际油价上涨可能使本国可贸易商品价格上涨的比例高于外国，从而导致本币实际贬值。对于石油出口国来说，Maurizio等（2016）发现积极的贸易条件冲击最终可能导致实际汇率升值。对于石油进口国来说，Fratzscher等（2014）发现油价上涨通常会导致贸易平衡恶化，继而导致本币贬值。第二个渠道是关于国际收支平衡或所谓的财富效应渠道。假设石油进口国的石油需求缺乏弹性，Golub（1983）的早期研究认为，油价通过石油出口国和进口国之间财富的重新分配影响汇率，石油价格上涨会增加石油出口国的经常账户盈余和石油进口国的经常账户赤字，从而减少石油支出和美元需求，从而产生财富分配效应。例如，油价上涨导致石油进口国向石油出口国转移财富，进而导致石油进口国（石油出口国）的汇率因经常账户失衡而贬值（升值）。Golub（1983）构建的模型对此类预测遵循的假设是石油进口国对石油的需求是价格非弹性的。Krugman（1983a，1983b）提供了另一种解释，他发展了一个理论模型，认为油价上涨对汇率的影响可能有所不同，这取决于对贸易平衡、贸易弹性、资本流动以及投机的假设。例如，在一个带有投机的模型中，当油价上涨时，短期内汇率可能会上升或下降。Basher（2012）研究认为，油价上涨增加了石油出口国的收入，如果被回收成美元，那么短期内对美元的需求就会上升。另外，长期的预期是由于贸易条件的不利影响，石油进口国的货币将贬值，这种对未来贬值的预期足以在短期内造成美元贬值。此外，Krugman（1983a，1983b）推测石油价格被视为从石油进口国向石油出口国的财富转移。假设欧佩克逐步利用其积累的财富从工业国家进口更多商品，就会在模型中加入一些动力。因此，从长远来看，实际汇率将取决于一些实际因素，包括各国在欧佩克进出口中所占的份额和石油需求弹性，但不再取决于欧佩克的投资组合选择。

在研究方法方面，关于油价与汇率关系的实证研究已经沿着多个方向发展。早期关于油价与汇率关系的研究通常使用协整技术，许多研究发现，美元升值是对油价上涨的反应（例如，Amano 和 Van Norden，1998a；Bénassy Quéré 等，2007；Chen 和 Chen，2007；Coudert 等，2008）。Coudert 等（2008）发现实际油价、实际美元有效汇率和美国净外国资产是协整的。Cashin（2004）以58个发展中国家为样本，调查商品出口国的汇率与商品出口实际价格之间的关系，在大约三分之一的被研究国家中，他们发现汇率和商品价格之间存在长期的关系。Cheng（2008）估计了商品价格、美元、世界工业生产、联邦基金利率和商品库存之间的误差修正模型，研究发现油价上涨与美元贬值有关，这种影响在数年内最为强烈。Lizardo 等（2010）使用协整技术，发现石油价格的实际上涨导致美元对加拿大、墨西哥和俄罗斯等石油出口国货币贬值。对石油进口国来说，油价上涨会导致本币贬值。包括石油在内的汇率预测模型往往优于没有石油的模型。Akram（2009）根据经合组织工业生产、实际美国短期利率、实际贸易加权美元汇率和大宗商品价格（其中之一是石油）的季度数据估计了结构性 VAR。他发现美元贬值与大宗商品价格上涨有关。在回顾有关汇率与油价关系的文献时，Coudert（2011）发现商品出口国的商品价格与汇率之间的长期弹性为 0.5，石油出口国的弹性为 0.3。

综上所述，在能源金融市场风险传导研究方面，石油市场与股票市场、汇率市场之间的风险传导是一个复杂的过程，不仅需要考虑跨市场间风险传导的非线性、多时间尺度、非对称性等特征，而且选择合适的样本和方法进行相关研究至关重要。

2.3　能源金融风险预警机制研究综述

能源金融市场的不断金融化极大地拓宽了能源企业以及投资者的融资渠道，同时也带来了诸多风险，有关能源风险预警的研究日渐增多。早期有关金融预警的研究一般采用构建指数法。Moore（1917）从基于 Diffusion Index（扩散指数法）的视角提出有关预警信息的综合方法。Moore 和 Shiskin（1968）通过研究创建了 Composite Index（合成指数）预警法检测风险。这两种方法是最早也是比较常用的风险预警方法。后来学者们根据不同的金融问题创建了各种不同类型的预警模型方法。金融预警模型在能源金融市场风险管理领域如石油市场、天然气市场和煤炭市场的应用相对较少。对于能源金融市场风险管理的研究十分迫切且非常重要。

有关金融风险预警的研究主要集中在两个方向。其中一个方向是利用传统模型对市场价格的时间序列进行预测。Bourke（1979）选用美国商品价格为样本运用 Box-Jenkins 法构建了商品价格预警模型，认为与传统计量模型相比 Box-Jenkins 法预测效果更为精准。Ramirez 和 Fadiga（2003）采用非对称 GARCH 类模型对期货市场的价格进行预测，发现与基于 t 分布的 GARCH 类模型相比，非对称 GARCH 类模型的预测结果表现更好。Xiong 等（2015）采用 VECM-MSVR 模型同样构建了期货市场价格预警模型。国内有关风险预警研究方面，李莉等（2006）用灰色预测方法对中国原油进口价格的风险进行了预警研究，从进口价格的相关引入进行分析，建立了石油价格风险预警系统。吕军等（2007）通过建立粒子群算法与支持向量机融合的 PSO-SVM 模型对石油市场进行预警，利用模型对中国未来石油风险状况进行分析。高新伟等（2013）通过灰预测方法对石油价格进行预测，经过检验该方法效果较为突出，并提出了一系列油价风险管理对策。范秋芳等（2014）基于层级分析法和模糊综合评价模型对中国的石油风险进行了安全预警。李丽红（2015）通过分析能源金融市场的风险特征，筛选了能源金融市场风险的相关指标，通过ARMA模型对中国能源市场的风险进行了预警。

能源金融市场风险预警研究的另一个主要方向是新兴的人工智能和各类神经网络预警模型。Nag等（1999）将人工神经网络（ANN）引入风险预警研究，建立了人工神经网络风险预警模型。人工神经网络可用于解决传统模型无法解决的问题。王志宇等（2000）建立了一个基于人工神经网络的金融危机预警系统。Kim等（2009）通过一个模拟的系统，使用由人工神经网络构建的静态自回归模型来评估当前时间序列和过去的稳定时间序列，在资本市场中得到了有效证明。

综上所述，在能源金融市场风险预警方面，有传统模型如时间序列预测、灰色预测、神经网络、支持向量机等模型方法，也有一些小波神经网络、门限协整系统预测法等比较新的预警模型。经过实证检验，其各有利弊，利用人工智能技术构建的预警模型效果较好，但其经济解释能力却相对较弱；统计模型在风险预测方面操作比较便捷，预测具有一定优势，但弊端在于模型在预测变量的选取上可能不够严密精确。

2.4 现有文献述评

现有文献对于金融风险传导机制和预警系统的研究较为丰富，但是对于能源金融市场进行系统研究的文献相对较少。从上述文献总结来看，能源价格和金融时间序列一般是非平稳的，它们之间的相互作用呈现多尺度特征。首先，石油价格、股票指数和汇率在不同的时间区间内表现出显著的波动特征，这使得它们之间的关系有了多时间尺度现象。这种多时间尺度信息隐藏在频域内，是造成复杂的跨市场交互作用的主要原因。然而，现有文献涉及多时间尺度的研究并不多见。因此，有必要通过对隐含频率信息的挖掘，从多尺度的角度来考察石油市场与股票市场以及汇率市场之间的关系。其次，原油波动对股票收益的影响可能是不对称的。也就是说，不同程度的原油波动对股票市场的影响可能存在显著差异。相关研究主要集中在石油波动率与股票收益的关系上，并没有过多考虑石油市场与股票市场在正向和负向冲击影响下的差异。此外，从研究方法来看，当能源金融市场遭受极端冲击时，传统的 Granger 因果关系方法可能无法描述完全的因果关系。以往文献通常研究整个样本期间原油市场和股票市场之间的均值和波动溢出效应，这可能掩盖了市场中存在的随时间变化的动态信息，忽略了动态溢出效应随时间的变化问题。近些年的研究表明，能源金融市场与其相关市场之间的信息传递不是恒定的，而且这种传递具有时变性，有必要考虑不同时期溢出效应的时变变化。在前人研究的基础上，不仅要考虑能源金融市场与其相关市场时间序列的时间维度和频率维度，同时也应考虑风险传导的动态特征。最后，现有对于能源金融市场风险预警体系的研究多集中于建立基于单个统计预测模型的预警系统，没有将人工智能思想、机器学习算法以及组合预测思想融入其中，现有预警体系的精度和有效度有待进一步提高。

3 能源金融市场风险的理论分析

关于能源金融市场风险机制的理论研究不多，更没有系统的理论总结，本书借鉴前人的研究经验并利用经济学和金融学的知识来分析和总结能源金融市场风险机制理论。在进行定量分析之前，需要对能源金融市场自身风险机制以及跨市场间风险传导机制进行理论分析。

3.1 能源金融市场风险机制的理论分析

3.1.1 能源金融市场风险的特征

能源金融市场是由能源现货市场交易为基础发展而来的，随着能源金融产品的不断创新，市场交易规则的不断完善，以及各类投资者的加入，当前能源金融市场的交易规模和影响力远远超过了现货市场。能源金融市场既类似于传统的金融市场又不同于金融市场，主要是因为能源金融市场具备了商品市场的特征，即能源金融市场是以现货市场的能源价格为定价基础，同时具备了传统金融市场的特征，而且这种金融属性日益突出。能源金融市场的不断金融化极大地拓宽了能源企业的融资渠道，同时也带来了诸多风险。能源金融风险可以看作金融风险的子类，具有金融风险的一般特征与属性，而金融风险指的是与金融有关的风险，如金融市场风险、金融产品风险、金融机构风险等。因此，金融市场风险的一般特征也适用于能源金融市场。

价格发现是金融市场中最重要、最基本的功能，价格波动风险是最基本的金融风险。具体而言，金融市场的波动是资产价格的变化方式，是度量金融市场风险的基础和核心，它的准确度量将有助于解决风险管理、资产定价以及投资组合的选择等问题。在金融市场交易中，资产的投资回报率往往和风险正相关，但投资者在追求投资回报最大化的同时，也寻求投资交易风险的最小化。能源金融市场中资产价格的波动存在一些典型的统计特征，主要包括以下方面：

第一，价格风险波动的时变性特征。能源金融市场价格波动通常会随着时间因素的变化而改变。随着时间的推移，有时随时间变化价格波动会较为剧烈，有时价格波动则会较为缓慢。

第二，价格风险的尖峰厚尾性特征。在以往的研究中，金融类资产价格时间序列的波动溢出效应检验都是基于正态分布进行假设的，然而许多学者通过研究证实，金融类资产价格风险时间序列普遍存在"尖峰厚尾"分布的特点，尖峰厚尾特点与市场参与者的决策密切相关，因为信息传播产生的影响具有一定的峰值特征，当市场参与者依据市场信息做出调整决策时，能源金融市场价格风险的波动溢出性会具有比正态分布更高的峰值特征。市场参与者对信息选择处理具有很强的主观性，决策人往往不能及时对信息进行消化反应，当忽视的信息产生的影响不断累积叠加到一定时期，市场参与者才会做出反应进行关注处理，由此便产生了厚尾特征。与正态分布相比较，厚尾特征的分布通常会表现出过度峰态，正态分布无法客观准确地刻画出金融类资产价格波动特征，因此有必要采用统计分布的厚尾特征，例如帕累托分布或者t分布等。

第三，价格风险波动的集聚性特征。能源金融市场价格受市场消息影响而产生较大波动幅度时，波动不会在短时间内消失，而是接着又会出现更大的波动幅度；而当波动幅度较小时，下一个波动幅度也通常较小且不会很剧烈。1963年，Mandelbrot在研究中首次发现了金融类资产价格波动呈现出正相关状态，即"价格风险大幅波动之后通常伴随着更大幅度的波动特征，然而价格风险小幅波动之后也通常会紧跟小幅波动特征"，这种波动特征被研究学者称为价格风险波动的集聚性特征。波动集聚性特征与尖峰厚尾特征高度相关，通常这些特征会同时出现，被证实是金融市场具有厚尾特征的主因。

第四，价格风险波动的持续性特征。其通常被称作"长记忆性"特征，一般指过去时间产生的影响会持续影响未来资产价格的变动趋势，即当前价格风险波动变化会对未来价格波动产生持续不断的影响。自相关函数的衰减速率非常缓慢，与之前的价格波动时间序列存在很强的自相关性，历史价格风险波动会长期影响未来的价格走势。许多学者研究了金融市场的价格风险波动的持续性特征，结果表明如果不考虑有效市场假说理论，金融市场若存在长记忆性，那么可以对价格风险波动的未来走势进行预测。造成价格风险波动的持续性特征的原因是价格风险波动中信息产生了结构性改变，同时由于投资者的偏好以及市场情绪导向的影响，影响变化没能准确及时地在价格上反映，偏差会存在并长期持续产生，偏差结果的长期累积变成了持续性特征。

第五，价格风险波动的非对称性特征。市场价格风险波动具有非对称性特征，非对称性特征包含"正向非对称"和"负向非对称"。负面影响产生的波动通常要大于正面影响引起的波动，这种现象被称作"杠杆效应"。对于杠杆效应特征主要有两种解释：第一种是企业财务杠杆的改变，当杠杆率升高时，企业风险也随之上升，企业未来股价的波动性也继而升高。第二种是投资者心理因素，市场参与者对利空消息冲击引起的价格变动要比利好消息冲击引起的价格变动反应更为敏锐，这是市场参与者规避风险的一种反应。换句话说，负面信息引起的价格变动影响要远大于正面信息产生的价格变动。

第六，价格风险波动的联动性特征。能源金融市场的波动性不仅受到其自身的前期波动产生的影响，同时也会受到其他相关市场波动产生的联动影响。这种联动性特征影响既会存在于能源金融市场内部，也会存在于不同市场间。

3.1.2　能源金融市场风险的机理

溢出效应是指各市场之间的信息传导，其实质是市场之间的风险传导。全球化的快速发展和交易技术的迅猛进步使得市场之间的联系日益紧密，从而导致不同市场之间的信息传导速度加快。尽管可以在不同国家的市场进行投资，但市场之间的密切互动可能会使风险在各国能源金融市场及其他相关市场间迅速扩散传导，导致传染性能源金融危机。因此，研究能源金融市场的溢出效应有助于加深对能源金融市场风险波动的认识。

现有研究普遍用"溢出效应"作为衡量"金融市场风险传导"的重要指标。波动溢出效应指的是不同市场间的信息传递，即一个市场接收信息，然后传导给另一个市场，不但会影响到其价格水平，而且还会对其波动性产生影响。随着全球经济一体化的快速发展，信息传递速度越来越快，金融市场间的联系更为紧密，溢出效应也更为普遍。溢出效应既可能存在于不同类别的市场中，也可能存在于不同国家、地区的同一类市场中，当然还包括跨国间的不同类型市场中。根据有效市场假说理论，能源金融市场接收的信息和受到的影响会在有效市场中同时产生反应，这种反应通常表现在价格水平上。通过这种方式，信息可以被所有市场同时吸收消化，因此能源市场与其相关市场之间不存在波动溢出效应，也就是说，市场参与者不能从这些信息中获取额外的收益。然而在现实中，各市场间的交易成本、市场结构、市场流动性等客观因素的限制都会使信息在单一市场中率先传播，继而市场间存在一种"领先滞后"的关系，许多学者经过研究分析已经证实了这种现象。

能源金融市场间的风险溢出效应主要分为两类：一类是均值溢出效应风险，另一类是波动溢出效应风险。均值溢出效应风险指的是当能源金融市场价格发生变化时会对其他相关市场价格产生影响，影响可以分为积极的和消极的，也就是说这种风险有正向和负向之分；波动溢出效应风险指的是能源金融市场的前期价格波动情况对其相关市场产生价格波动的影响，这种影响没有方向性，即无正向和负向之分，只有风险价格波动幅度大小之别。此外，需要注意的是波动溢出效应风险中市场的价格波动对其相关市场的影响会受前期波动的影响。在以往研究中，大部分学者一般选用VaR模型来研究均值溢出效应风险，其模型系数能够反映均值溢出效应的市场相互作用。此外，一般选用GARCH族模型来研究波动溢出效应风险，其模型系数能够反映出波动溢出效应的市场间交互作用。

具体来说，研究互相关联的两个市场间的风险时，均值溢出效应风险主要从一阶矩（收益率本身）的层面研究各类市场间的风险传导，无法通过二阶矩的层面来衡量风险传导。Rose（1989）通过研究发现，收益率波动主要反映了信息不断地向该市场传递的过程。为了度量市场间风险的相互传导影响，Hamao（1990）于1990年率先提出一个度量各市场间波动溢出效应的风险模型。Hamao对于波动溢出效应的解释指出，由于市场间信息的传递会改变决策者的投资行为，而各市场间的参与者对信息的反应处理速度不同，因此单一市场的风险会随信息的传播而扩散到其他市场中。不同市场间产生的波动率与收益率的相同点是同样存在领先滞后关系，波动性溢出效应风险是从波动率的角度来衡量市场间的交互影响。波动溢出效应是通过波动率来衡量两个市场间的信息传导过程。假若市场A和市场B相互关联，当风险从市场A传导至市场B时，不仅会影响市场B的价格方向变化，而且还会对市场B的价格波动幅度产生影响。风险传导产生的方向变化表现为均值溢出反应，风险传导产生的波动情况表现为波动溢出反应。Chan和Karolyi（1991）认为，衡量市场间的风险传导情况，仅考虑均值溢出（即一阶矩）的传导方式是片面的，还要考虑波动溢出（即二阶矩）的传导方式。因此，衡量能源金融市场和其他市场风险传导情况时，应考虑波动溢出效应。

3.1.3　能源金融市场风险的形成原因

随着能源金融市场的不断发展与完善，资本流动、市场运作、信息传递等方面的联系将会逐渐加强，各市场间的联系变得更为密切，市场间的相互影响也变得更为显著。能源金融市场之间的联动性可以通过波动溢出效应进行描述，以下两个方面的解释可以阐明能源金融市场风险是如何形成的。

一方面是从宏观层面进行解释。尤金·法玛在1970年提出有效市场假说理论，又称为有效市场理论，该假说理论是解释波动性溢出效应的基础。有效市场理论认为，外部冲击或信息可以被所有有效市场同时且完全吸收。然而，有效市场只是单纯理论上的假设，现实市场根本不存在。由于市场的微观结构、资金流动性以及交易成本等制约因素的不同，市场对外部冲击或信息的反应不够迅速和充分，从而造成市场滞后。这种滞后性关系反映出不同市场间的密切关系和信息在不同市场间的传递速度。具体来说，信息的传递分为两种：

第一，共有信息（shared information）。共有信息是市场公开的信息，会对各个市场产生影响。当共有信息出现时，不同市场会同时产生不同的市场预期，各个市场都有出现不同波动的可能。这说明市场间波动的同源性。换句话说，市场间波动的原因可能是因为共有信息的存在而产生某种联系。具体来说，各个市场在消化共有信息的过程中可能会产生波动，并且不同市场对信息的吸收速度不尽相同。信息吸收速度相对较快的A市场会率先产生波动，然后把这种波动传递到信息吸收不敏感的B市场中，B市场在接收共有信息的反应过程中，也会受到A市场中传导过来的综合影响。此外，B市场会在共有信息消化后反过来影响A市场，从而在A和B市场中产生波动溢出效应。例如，股指期货市场是以股票市场的股票指数作为标的，因此共有信息在对股指期货市场产生影响的同时会根据其表现出的联动性特征对股票市场产生影响，同样共有信息在对股票市场产生影响的同时也会对股指期货市场产生不同程度的影响。

第二，私有信息（private information）。私有信息不同于共有信息，信息不会对每一个市场都公开透明，私有信息只会先对某一个市场的预期产生影响，接着私有信息会通过跨市场间投资交易等渠道将市场波动影响传导到另一市场中。具体而言，当A市场因吸收到私有信息而率先产生波动，投资机构会产生相应的投资计划调整，根据投资收益来权衡利弊继而可能进行跨市场投资到B市场，从而把A市场的波动影响传导到B市场中。B市场在消化吸收A市场的影响后可能也会反过来对A市场产生影响，最后形成A市场与B市场间的波动溢出效应。例如，对于股票市场与房地产市场来说，当对股市吸收消化的私有消息为利空消息时，股指会下跌，相关投资者可能将股票市场的资金撤回投资于房地产市场，这将导致房地产市场价格产生波动。当对股市吸收消化的私有消息为利好消息时，机构投资者又可能将资金投入股市来获得更高收益，而当资金周转不开时，机构投资者会赎回其在他市场中投入的资金，如房地产市场，从而对房地产市场价格的波动产生影响。此外，也会有部分机构投资者对当地宏观经济的走势感到乐观，继而增加对房地产市场的投资，同样会引起房地产市场的价格波动。反之来看，房地产市场价格波动同样也会对股票市场产生影响。例如，当房地产市场出现利好消息时，房地产价格出现上涨，房地产市场会供不应求，这类信息影响会传导到股市中，继而导致房地产板块、建材板块等股价的上涨，从而对股票市场产生波动影响。

另一方面是从微观层面进行解释。能源金融市场风险的价格波动效应可以基于行为金融学中的投资者行为理论进行解释。在金融市场中，当新信息出现时，投资者会马上对此信息做出反应，通过交易行为反映在市场价格上，从而使得市场波动之间产生某种联系。但是根据有限理性假设的观点，投资者是有限理性的，他们的交易会受到认知偏差、信息不对称、心理因素的影响。从信息隐性和信息不对称等方面的原因来说，机构投资者通常对市场上的部分信息无法获得并了解，价格波动意味着市场信息产生了变化，但他们不能准确地知道影响范围和波动产生的原因。机构投资者往往会猜测该金融市场中其他同类资产可能同样会面临着波动影响，会进行相应交易操作行为，使风险价格波动从单一领域传导至整个市场和其他相关市场中。从心理因素来说，基于大量心理学的相关研究发现，人类的实际行为活动与传统的金融理论相比并不完全符合。现实中，市场投资者并不都像行为金融理论中假设的一样理性。例如，市场参与者过于自信，通过主观判断做出决定。这种不合理的行为在经济市场中起着重要作用。因此，为了使市场参与者做出更准确的决策，这种非理性行为影响不能因假设而被忽略。金融现象可以通过行为金融学进行解释，所以从行为金融学角度来看，溢出效应主要有两方面解释：

第一，启发式判断。启发式判断在金融领域的应用，通常是指市场参与者在进行投资决策过程中，会依据历史经验或其他简单标准进行判别，而不是经过仔细研究和复杂的理论推断。可以说，这是引起波动溢出效应的内在原因。例如，可能由于多种原因使某一金融市场中某类金融产品的价格产生波动，然而每个市场参与者对价格变化的认知不同，参与者并不了解甚至忽略了具体全面的原因，可能只知道其中的部分信息，只知道金融产品在这个市场的价格变化也会对其他相关金融市场的价格变化产生影响。依据主观判断，会导致价格波动的扩大，甚至传导到其他相关市场中，由此产生价格波动溢出效应。

第二，羊群效应。羊群效应指的是受群体的影响，一个人的思想或行为意识向群体反应的方向产生一致改变的现象。如果说启发式判断是波动溢出效应的内在原因，羊群效应则是外在原因。当参与者做决定的时候，他们愿意参照追随别人的决策进行判断，通常会与群体中大部分参与者的决策方向相同，这是一种人类的本能归属感。这种效应在经济学中是指当所接收的信息不对称时，市场参与者因无法获得更多额外信息而对自我决策判断丧失信心，继而参照其他决策者的决策行为做出自身决策判断。在做决策判断时，市场参与者往往不自觉地参照其他投资者的决策或过度受外界舆论影响，会认为其他市场参与者会拥有更丰富的信息和信息优势，从而放弃自身决策。市场参与者的这种决策行为会对金融产品价格的大幅涨跌产生影响，加剧了价格波动风险，使各个市场间联动性进一步增强，扩大了各市场之间的价格波动溢出效应。

综上所述，从波动溢出效应产生的原因来看，金融监管的环境宽松为能源金融市场之间的波动溢出效应提供了较好的外部环境。市场参与者的非理性交易决策是波动溢出效应风险产生的重要原因。市场信息来源获取的客观因素和市场参与者的决策能力、心理因素等主观因素共同影响参与者的决策判断，这些因素不仅对单一市场的波动溢出效应产生影响，还可能引起其他相关市场价格的风险波动，造成能源金融市场与其他市场之间的波动溢出效应。

3.2 能源金融市场风险传导机制的理论分析

3.2.1 能源金融市场风险传导的内涵

"传导"一词最初只是一个物理名词，在《辞海》中的表述如下：神经冲动在同一神经元（主要是指沿轴突）传播的过程。在《现代汉语词典》中的具体解释如下：①电或者热从物体的一部分传递到另一部分的过程；②神经纤维把来自外界的刺激传到大脑皮质，或者把大脑皮质的活动传到外围神经。"传染"一词最早出现在医学研究中，在《辞海》中的解释如下：病原体侵入机体后，在一定条件下克服机体的防御机能，从而引起不明显或者明显的病理反应，通常也用作"传播"解，指病原体通过传染源排出，经过一定途径入侵到易受感染者机体的整个过程。在《现代汉语词典》中的具体解释如下：①病原体通过一定途径入侵到机体，从而使机体产生病理反应；②比喻因接触外界而使情绪、风气、感情等受到影响，从而发生类似的变化。

对于能源金融市场风险来说"传导"或"传染"没有本质上的区别，只是传导更强调的是传递的过程，在传递过程中需要借助一定的载体和路径，还可能存在传导方向，如单方向传导、双方向传导、多方向传导或相互交叉方向传导等，对传染来源的追溯需格外关注。例如，1997年在亚洲爆发的金融危机，风险传染源是泰国，当时金融危机首先在泰国爆发，然后通过传导蔓延到东南亚的其他国家。而金融危机的传染则更加注重哪些地区或者国家被传染了风险，传染的范围有多广、传染的程度有多深等。

此外，本书认为"风险传导"一词中的"传"和"导"是两个不同的过程。"传"指的是风险源将风险传递给最初产生风险一方的过程，是风险传染的初始过程。"导"是指将风险从前一个风险点传递给与之有关联的下一风险点的中间过程，这是"风险传导"的中间阶段。例如，当企业向银行贷款后，如果贷款企业由于自身经营不善财务状况出现困难，无法及时偿还债务，从而使银行发生了流动性风险，就可以说企业经营风险"传"给了提供贷款的银行，由此给银行造成了流动性风险，而该银行的流动性风险又会"导"给与之密切关联的金融机构。

通过相关理论分析与历史借鉴，本书定义"能源金融市场风险传导"如下：能源金融市场产生风险后在能源金融市场内部进行长期积累，当达到一定的阈值时，风险便会依托于特定的传导载体，经由特定的传导路径，在能源金融市场内部或与之相关的市场间进行扩散和蔓延，从而造成风险传染源头——能源金融市场和被传染市场偏离预期目标造成损失的过程。从能源金融市场风险传导的本质来看，能源期货价格波动导致的风险是指在一个能源金融市场中能源期货价格出现大幅波动时，风险传导到其他能源金融市场和与之密切关联的市场，并且出现价格异常联合波动。

总之，无论风险来自何方，只要引起了风险的传导，都属于本书的研究对象，但本书所进行的能源金融市场风险传导相关研究重点范围主要是指风险在能源金融市场与主要金融市场间的相互传导。值得注意的是，金融危机背景下的风险传导是能源金融市场风险传导的组成部分，也就是说能源金融市场风险传导包括金融危机背景下的风险传导，金融危机在一定程度上是金融风险不断累积的产物，金融危机阶段被认为是金融风险的爆发阶段，爆发后的风险不断扩散和蔓延到各个市场就是金融危机的风险传导阶段。

3.2.2　能源金融市场风险传导的特点

能源金融市场和其他相关市场间的风险传导特点主要有两个方面：

首先，具有明显的非线性特点。导致这种非线性特点的主要原因可能是在金融不断深化和全球一体化的大背景下，众多类型不同的市场主体共同活跃在市场当中，市场价格的最终形成必然是一个多方影响复合而成的结果。具体来说，从长期来看，政府部门在能源金融市场及其他市场中始终发挥着宏观调控的重要作用，通过货币及财政手段希望市场可以尽可能保持在均衡与可持续发展的状态。例如，原油期货市场及股票市场的企业都有很多的生产主体，这类生产型的市场主体由于在生产过程中需要经历原材料采购、生产加工处理以及销售等过程，活动周期各有差异。抛开政府及生产主体因素的影响外，能源金融市场及其他市场中存在着众多的投资者，其更关注的是如何在短时间内去获得较高的收益回报。在能源金融市场及其他市场中，活跃在不同时间周期下的市场主体的影响叠加在一起形成了最终的市场形态，导致非线性特征的主因是能源金融市场及其他市场价格序列可能存在的多时间尺度信息。因此，针对能源金融市场及其他市场间的研究逐渐转向多时间尺度视角下的研究，为能源金融市场及其他市场间相互作用影响提供了新视角。

其次，能源金融市场价格波动和与其相关金融市场间的影响具有非对称性特点。例如，石油市场的冲击也可以对股票收益产生非对称影响（Ghosh 和 Kanjilal，2016；Salisu 和 Isah，2017；You 等，2017）。一般而言，使用石油作为生产和消费的企业的现金流对石油市场正冲击和负冲击的反应往往不同，从而导致石油市场冲击与股价变动之间的非对称性。此外，投资者对石油市场正冲击和负冲击的异质敏感性可能会增强石油市场冲击对股价变动的非对称效应。检验非对称性关联是否存在，判断负向能源金融市场价格波动冲击对其相关市场的影响是否大于正向冲击，将使投资者和政策制定者在面对能源金融市场价格剧烈波动时，能够选择合适的策略或模型，使风险最小化，收益最大化。因此，有必要研究能源金融市场价格波动和与其相关金融市场之间的非对称联系。

3.2.3 能源金融市场风险传导的路径

能源金融市场是基于能源市场与金融市场融合而成的一种新型交易市场。在全球金融一体化的大背景下，资金在各市场间频繁流动，由于能源金融市场与传统金融市场的密切相关性，使得它们之间的联动性也高度相关。金融市场主要包括债券市场、货币市场、期货市场、外汇市场、股票市场等，随着金融自由化的不断深入，能源金融市场与传统金融市场间密切关联的态势只会加强不会减弱。能源金融市场不仅受到相关市场风险外溢的影响，也无法避免地将风险传导到与之相关的其他市场中。因此，能源金融市场内部、传统金融市场间风险传导路径值得重点研究分析。本节重点从理论方面分析能源金融市场对股票市场、汇率市场、黄金市场等金融市场及其他相关市场间的风险传导路径。

（一）石油市场对股票市场的风险传导路径

石油市场对股票市场的风险传导路径始终没有统一的结论，但目前有两方面的风险传导路径已被学术界普遍认可：

第一，石油市场价格风险波动会先对实体经济产生影响继而将风险传导至各国股票市场。一方面，石油能源是很多企业必不可少的重要生产原材料，油价上涨（或下跌）

会增加（或减少）企业的生产成本，利润也会随之改变。利润的改变会直接影响到企业的未来现金流，而股价正是企业未来现金流的折现值，必然会对股票价格产生影响。另一方面，石油价格上涨（或下跌）会引起失业率和通货膨胀率的上升（或下降），国家为了使通货膨胀率稳定在合理区间，通常会采取相应的货币政策来改变利率。随着现金流折现系数的改变，股票价格必然会受到一定影响。

第二，石油市场价格风险波动会通过市场间的联动性特征来影响股票市场。具体来说，一方面，石油市场和股票市场都是市场参与者进行资产配置的选择渠道之一。根据投资分散理论，市场参与者可以通过分配不同资产的比例来有效降低风险，并使投资组合的回报最大化。当石油价格下跌或者价格波动风险较大时，若股票市场上涨或者价格风险波动较小，市场参与者将减少石油和其他能源金融产品的投资，增加投资组合中股票的权重；当石油价格上涨时，若股票市场价格下跌或波动风险较大，市场参与者则会选择将股票市场中的资金投向能源金融市场或其他相关市场中，从而使资本在两个市场之间不断流动。另一方面，羊群效应理论会进一步加深能源金融市场与其相关市场间的联动性，从而使石油市场与股票市场间的风险溢出效应变得更大。市场参与者在进行资产配置时，会受到某一市场价格风险波动产生的影响，继而会改变在另一市场的交易行为，羊群效应加深了能源金融市场与金融市场间的联动性。从众心理是一种非理性行为，由于存在信息不对称性和非理性投资者，投资人进行交易决策时无法对市场信息进行理性判断分析，因此容易受到外界环境影响继而效仿其他投资者。当石油市场或股票市场出现价格大涨或大跌时，羊群效应会引发市场的乐观或恐慌情绪，投资者会迅速买入或恐慌性抛售资产，从而加快风险在市场间的传导速度。

（二）石油市场对汇率市场的风险传导路径

从理论上看，石油金融市场价格冲击可能通过两种截然不同的路径传导到一国的汇率市场：即贸易条件路径和财富效应路径。

第一，贸易条件路径。贸易条件路径对石油出口国和石油进口国都有影响，尽管影响方式不同（如 Backus 和 Crucini，2000；Cashin 等，2004；Chen 和 Rogoff，2003；Corden 和 Neary，1982）。对石油进口国来说，油价上涨通常会导致贸易平衡恶化，进而导致本币贬值（Fratzscher 等，2014）。然而，对石油出口国而言，积极的贸易条件冲击最终可能导致非贸易产品价格上涨和实际汇率升值，从而导致荷兰病现象

（Maurizio 等，2016）。Backus 和 Crucini（2000）为这一观点提供了实证证据，他们指出石油价格的变化在很大程度上决定了贸易条件的变化。

第二，财富效应路径。当我们考虑通过财富效应路径进行传导时，石油出口国和石油进口国之间的区别显得尤为重要。当石油价格上涨时，财富会从石油进口国转移到石油出口国，导致石油进口（石油出口）经济体的汇率分别通过经常账户失衡和资产组合重新配置而实际贬值（升值）（如 Fratzscher 等，2014；Rasmussen 和 Roitman，2011）。Golub（1983）和 Krugman（1983）提出了这一渠道的基本理论框架，而相关的实证证据可以在 Bénassy-Quéré 等（2007）、Kilian 等（2009）、Bodenstein 等（2011）中找到。

（三）石油市场对黄金市场的风险传导路径

自 2000 年以来，伴随着国际贸易的繁荣而发生的技术革命，导致石油被定性为一种具有高度波动性的全球商品。同样，黄金被称为最具战略意义的金属，因为黄金价格的变动会在其他金属价格上产生平行的变动。对于石油市场和黄金市场，有如下路径可以解释石油和黄金价格之间的风险传导关系。

第一，通货膨胀路径。Narayan 等（2010）认为，石油和黄金价格之间的风险传导关系可以通过通货膨胀得到最好的解释。油价上涨往往会对全球整体价格水平造成压力，对石油进口国产生负面影响，从而产生石油与通货膨胀的负相关关系，而黄金被视为一种避险工具，通胀预期可能导致投资者将黄金视为石油的替代品，以对冲石油投资价值的预期下降，投资者会在高通胀时期购买黄金以平衡其投资组合（Ghosh，2011）。由于黄金是一种安全的投资手段，黄金价格在高通胀时期价格会上涨，因此，随着油价上涨，通货膨胀和黄金价格也会上涨。

第二，出口收入路径。为了分散市场所涉及的风险，维持商品价值，在投资组合中获得更多的黄金，主要石油出口国用石油交易中所获得的收入换取黄金，通过增加需求为黄金价格上涨铺平了道路。

第三，生产成本路径。黄金开采成本与能源（石油）密切相关。在这种情况下，能源包括油价的上涨不可避免地会对黄金开采成本产生影响，从而影响黄金市场。

虽然石油市场与黄金市场间相互影响的正相关性被很多学者认可，但考虑到经济周期等各种因素的影响，石油市场与黄金市场的价格有时也会呈现出负相关的趋势，"同涨但不同跌"的走势在全球经济的下行周期中表现得尤为明显。例如，2008年的全球性金融危机，世界经济减速、衰退致使石油需求急速下降从而导致油价大跌，而黄金是避险型资产，资产避险需求上升从而引发黄金价格暴涨。因此，分析石油市场和黄金市场的相互风险传导关系时，不能直接定性为正相关性去进行研究，有必要结合经济周期，确定市场背后的真正驱动因素，分析市场间相互作用的逻辑，进行客观准确的判断。

（四）石油市场对农产品市场的风险传导路径

石油市场对农产品市场的风险传导路径主要体现在如下方面：

第一，社会总需求会因石油价格上涨或下跌的影响而产生改变，总需求发生变化的同时会在一定程度上改变人们对农产品的需求，继而对农产品价格的波动产生影响。

第二，石油价格的变化会对相应农作物替代品的价格变动产生影响。例如，石油价格的上涨会导致生物燃料需求的上升，从而会使大豆、玉米等农作物替代品的价格上涨。

第三，油价的变化会对农产品的运输成本产生影响。运输成本会计算在相应农产品的生产成本之中，农产品的生产成本自然也会因此提高，从而导致农产品的需求下降、价格上涨。

3.3　本章小结

本章首先从能源金融市场风险机制角度分析了能源金融市场风险的特征和风险机理，其次从能源金融市场风险传导的角度，对市场间风险传导的内涵、特点和传导途径进行了分析，为接下来能源金融市场和与其相关市场间的风险传导实证分析打下基础。

4 多时间尺度下能源金融市场的风险动态相关性分析

  本书选择以石油金融市场作为能源金融市场的代表进行研究是因为原油期货市场是现阶段能源金融市场发展中市场规模最大、能源金融化程度最高、发展最为成熟的市场，风险波动溢出效应也最为显著。原油期货市场不仅受到金融市场风险波动的影响，同时也会对金融市场形成冲击。股票市场与汇率市场是金融市场中非常重要的组成部分，因而研究石油市场与股票市场、汇率市场间的风险传导十分必要。与石油价格上涨对实体经济的显著负面影响相比，石油市场价格波动对金融市场的风险价格传导关系呈现出混合型、多样化的特征。这种混合结果可能由两个主要原因触发：第一个原因是石油市场价格波动可能会受到多种因素共同影响。石油是具备金融属性和政治属性的商品，其可替代性也较低，因此石油价格波动不仅会受到供需变化的影响，而且也对供需变化敏感，外部事件往往会对石油价格形成冲击。此外，Kilian（2009）研究发现不同影响因素会导致石油价格产生不同的波动特征，其对金融市场的影响也存在不同差异。第二个原因是多尺度特征。具体来说，石油市场与相关金融市场由不同市场参与者组成，市场参与者的利益目标时间范围不同。一些市场投资者关注短期投资，而另外一些市场决策者则更为关注市场的长期变化。因此，石油市场和股票市场、汇率市场的序列特征由多时间尺度组成，石油市场价格波动在不同时间尺度下的风险传导特征各不相同，这导致石油市场与股市、汇市的风险传导更为复杂化。此外，金融市场特征中的"杠杆效应"在面对正向和负向信息的冲击下，许多金融时间序列的波动性表现出的反应不一致，往往负向信息的冲击会造成更为剧烈的波动。我们在使用市场时间序列数据进行建模时，应将非对称特征考虑在内，以便提高模型的拟合精度。因此，仔细研究在多时间尺度下石油市场对股票市场、汇率市场的动态相关性和波动溢出效应，有助于更全面地了解能源金融市场对其他市场影响的风险传导路径和机制。

波动意味着风险，而波动溢出则代表不同市场之间的风险传导。MGARCH（多变量GARCH）模型最普遍的应用是研究多个市场间的相关性和波动溢出效应。在MGARCH模型中，DCC-GARCH（dynamic conditional correlation，动态条件相关）和BEKK-GARCH模型被广泛应用于研究市场之间的相关性以及波动溢出效应，尤其是在能源经济学和金融领域，例如关于油价的研究（Chang等，2010；Filis等，2011）。本章旨在研究风险传导的特征以及石油市场与股票市场、汇率市场之间的动态关系，以探索能源金融市场与金融市场间的动态相关性。

4.1　小波分解理论与方法

4.1.1　小波分解本质及特征

由于传统的傅里叶变换分析具有无法局部分析的能力，并且不能同时反映出时频域特性，为了克服这种缺陷，1984年法国石油信号处理专家J.Morlet首次提出了小波变换的概念。小波变换是一种随着信号处理分析技术发展而出现的时频分析方法。小波是一种短而小的函数振荡波形，小波的均值为零，能量有限，常被用作分析瞬变或者时变信号。在时间轴上，波形的振幅开始为零，逐渐增加，然后逐渐衰减为零。小波除了具有波的震荡性特性外，还具有同时进行时间域与频率域分析的特性。小波变换已经被广泛应用到谐波分析、瞬态分析、数字图像处理、电能质量分析等领域中。小波分析具有去噪声、多分辨率时频域分析、进行滤波等功能，对非平稳信号分析也十分适用，近些年小波分析已被逐步拓展应用到金融时间序列及其相关性分析等问题中。小波变换类似于傅里叶变换，实质是将信号分离为若干正弦信号和指数信号。不同之处是小波信号会分解到一系列小波的局部基函数上，核心思想是将一定时间内的信号表现为小波的线性组合。小波系数反映了在一段时间内信号和小波函数之间的相似性。

为了阐明在如此复杂的环境中能源金融市场与其他市场之间的滞后关系，我们在本研究中使用小波分析，之所以选择小波分析方法，主要是因为它具有两个方面的特征：

第一，良好的时频定位和多分辨率特征，能够分析不同时间和频率分量的非平稳时间序列的相关性。这使研究人员可以考虑金融变量时间与高、中、低频率之间的关系，对于进行短期和长期市场间风险传导的研究者非常有用。

第二，小波的另一个十分有用的特征是它的窗口可以频繁地调整大小。通过考虑具有小窗口的信号，仅会观察到细微的特征，而通过观察具有较大窗口的同一信号，将会看到粗略的特征（Torrence 和 Compo，1998；Madaleno 和 Pinho，2014）。使用小波不需要对正在研究的序列数据生成过程做出任何强有力的假设。通过小波分析，可以同时确定不同频率变量之间的关系，发现如何随时间推导该关系，还可以捕获非平稳特征。受Torrence 和 Webster（1999）研究结果的启发，各种小波变换方法已被广泛用于金融市场时间序列的研究中，有利于研究市场间的相互关系。例如，Dewandaru 等 （2014）、Yang 等（2017）将小波变换方法应用于股票市场收益与汇率市场间相互影响的研究。然而，基于小波变换方法在能源金融市场与金融市场间的风险传导研究较少。

4.1.2 小波分解的适用性

在分析金融市场之间的相关性时，大多数学者采用计量经济学模型，例如MGARCH 族 模 型 。 Constantinides（2013）、Chang（2013）和 Bentes（2015）指出GARCH族模型成功地刻画了金融时间序列之间的波动特征和波动溢出效应。这些模型通常考虑数据间隔的有限范围，忽略了市场间的不同尺度的动态相关性。以往的研究大多是从时间维度来考察跨市场波动溢出效应，经常使用的协整和误差修正等模型（Engle 和 Granger，1987）通常只考虑了几个时间尺度中的两个（短期和长期），忽略了金融时间序列中存在的频率维度特征，因而研究分析时会受到限制。频率维度的特征可以帮助我们从另一个角度理解市场信息。考虑到时间序列的频率维度特征，Soltani 等（2000）和 Renaud 等（2003）讨论了小波分析在时间序列预测中的应用。Ghosh 和Manimaran（2011）引入小波方法分析金融市场风险溢出效应，将时间序列间的波动溢出扩展到联合时频域。小波方法可以在多个时间尺度上（同时在时间和频率上）分析市场之间的关系，这种方法可以更好、更详细地了解市场之间的联动情况。一些学者在研究金融市场间联系中使用了这些小波方法。Zhou（2012）和 Khalfaoui（2015）利用极大重叠离散小波变换（MODWT）研究了七个国家之间REIT收益和波动的国际联系。Huang（2011）的实证研究结果表明，市场关联度在不同时间尺度上可能存在差异，将基于小波的多分辨率GARCH模型与传统的多元GARCH模型进行比较，可以发现前者在捕捉复杂的收益和波动溢出模式方面表现更好。越来越多的研究人员开发了各种模型，用于分析和预测非平稳时间序列。这种现象可归因于小波变换的多分辨率分析特性，可以从时域和频域两个不同角度进行分析。基于小波变换的一组带通滤波器可以对数据进行滤波，适当选择尺度和平移系数，将基于经济周期的时间序列数据在不同频段上的长度进行划分，可有效消除不规则因素和随机因素以及长期趋势的影响。

在小波技术和分析方面，Tiwari（2013）通过交叉小波分析（例如交叉小波变换（XWT）和小波相干性（WTC）），采用连续小波方法研究了1958年至2009年德国石油价格收益率与通货膨胀和工业生产之间的时频关系。结果表明，油价收益率与通货膨胀之间存在阶段性和反阶段性关系（多尺度趋势），并且在大多数情况下通货膨胀是主导变量。Vacha和Barunik（2012）利用1993年11月至2010年7月的数据研究了时频空间中能源商品之间的相关性动力学。他们使用小波相干分析，发现取暖油、汽油和原油这三种商品的相关性最强。Benhmad（2012）使用离散小波变换（DWT）和多分辨率分析研究了1970年至2010年实际油价与实际美元汇率之间的线性和非线性因果关系，发现其随频带变化且取决于时间尺度（多尺度趋势）。Reboredo和Rivera Castro（2013）使用离散小波变换（DWT）方法和极大重叠离散小波变换（MODWT），运用多分辨率分析（MRA）研究了2000年1月至2011年10月期间石油价格与美元汇率之间的协同运动，结果表明金融危机前石油价格和汇率并没有依赖性，但在危机爆发后出现了传染和负面依赖的迹象。Reboredo和Rivera Castro（2014）使用小波多分辨率分析（MRA）从行业层面研究石油和欧美国家股市之间的关系，结果表明2000年6月至2011年7月期间，石油价格变化对金融危机前的股票市场收益没有影响。然而，在金融危机爆发期间，石油和欧美国家股市间存在相互作用的关系，这与Sadorsky（2001）和El-Sharif（2005）等展示的经验证据一致。Antonio和Nunes（2009）通过连续小波变换（CWT）和小波变换一致性（WTC）研究了1973年1月至2007年12月期间德国、日本、英国和美国股市的月度数据，以评估这些国际市场之间的协同运动。他们发现，德国与美国、英国的联运频率相对较低。在过去的几十年内，美国和英国的股票市场具有高度协同关系。另外，日本与其他国家的合作程度较低。Loh（2013）利用2001年1月至2012年3月的周股市收益数据，使用小波相干方法研究了13个亚太股市收益率与欧美股市收益率的协动关系，发现了显示强烈的共同变动的证据。有证据表明这些市场之间的共同运动随时间和规模而变化。因此，选用一个合适的小波分解方法对研究能源金融跨市场的风险传导至关重要。

4.1.3　小波常用方法

小波变换通过对时间序列进行逐次滤波，将原始的时间序列分解为不同的时间序列，可以从多个时间层获得市场间相互作用的影响，这个过程通常被称为多分辨率分析（Mallat，1989a）。小波变换除了提供各种分辨率来观察时间序列外，还可以捕捉结构断点、周期现象和趋势变化（Torrence和Compo，1998）。然而，选择小波变换最重要的原因是对原始时间序列没有特定的要求，如正态分布和平稳性。因此，小波变换可以直接分解非平稳时间序列，在丢失某些重要点的情况下尽可能保留时间序列信息（Mallat，1989b）。以往的非线性模型研究都是将小波变换作为检测多尺度现象的有效手段（Aguiar-Conraria和Soares，2014；Aloui和Hkiri，2014；Khalfaoui等，2015）。下面将介绍一下常用的小波变换方法。

（1）连续小波变换

小波是一个均值为零的函数，在频率和时间上都是局部化的。我们可以通过小波在时间（Δt）和频率（Δw）上的局部化程度来刻画小波。海森堡不确定性经典原理指出，在时间和频率的局部化之间总是需要进行权衡。如果没有正确定义 Δt 和 Δw，将注意到不确定乘积 $\Delta t \times \Delta w$ 的大小有一个限制。一个特殊的小波 Morlet 被定义为：

$$\psi_0(\eta) = \pi^{-1/4} e^{iw_0\eta} e^{-\frac{1}{2}\eta^2} \tag{4-1}$$

其中，w_0 是无量纲频率，η 是无量纲时间。当使用小波进行特征提取时，Morlet 小波（$w_0 = 6$）是一个不错的选择，因为它在时间和频率之间提供了很好的平衡。因此，尽管提出的这个方法通常适用，但仍需对该小波进行进一步处理。

连续小波变换（Continuous Wavelet Transform，CWT）的思想是将小波作为带通滤波器应用于时间序列。通过改变小波尺度（s）在时间上的展宽，让 $\eta = s \times t$，使其具有单位能量。Morlet 小波（$w_0 = 6$）尺度与傅里叶周期（λ_{wt}）几乎相等（$\lambda_{wt} = 1.03s$）。可将等时间步长 δ_t 离散时间序列（x_n，$n = 1$，...，N）的 CWT 变换定义成小波函数的 ϕ_0 尺度化与转化下 x_n 的卷积：

$$W_n^x(s) = \sqrt{\frac{\delta t}{s}} \sum_{n'=1}^{N} x_{n'} \psi_0 [(n'-n)\frac{\delta_t}{s}] \tag{4-2}$$

实践中发现可以使用快速傅里叶变换提高卷积运算效率，将 $|W_n^x(s)|^2$ 定义为小波功率谱，其表现为时间序列在给定的小波时间域与小波尺度内的波动量级，$W_n^x(s)$ 复值部分可以认为是局部相位。

由于小波在时间上没有完全局部化，所以小波变换具有边缘伪影。因此，引入一个不能忽略边缘效应的影响锥（COI）很有用。在这里，把 COI 看作由于边缘不连续而引起的小波功率下降到边缘值的 e^{-2} 的区域。

可以相对于零假设来评估小波功率的统计显著性，小波功率的统计显著性可以通过给定背景功率谱（P_k）的平稳过程产生的信号来评估。许多金融时间序列具有独特的红噪声特征，可以通过一阶自回归（AR1）过程很好地建模。具有 lag-1 自相关 α 的 AR1 过程的傅里叶功率谱（根据观测的时间序列估计，如 Allen 和 Smith，1996）由下式给出：

$$P_k = \frac{1-\alpha^2}{|1-\alpha e^{-2i\pi k 2}|} \tag{4-3}$$

其中，k 是傅里叶频率指数。

小波变换可以看作应用于时间序列的一系列连续带通滤波器，其中小波尺度与滤波器的特征周期（λ_{wt}）线性相关。因此，对于具有功率谱 P_k 的平稳过程，通过调用傅里叶卷积定理，在给定的小波尺度上的方差就是 P_k 对应频带上的方差。如果 P_k 足够平滑，可以利用转换 $k^{-1} = \lambda_{wt}$，简单地使用 P_k 来估计给定尺度下的方差。Torrence 和 Compo（1998）使用蒙特卡罗方法证明，这种近似对 AR1 光谱非常好。然后，他们认为具有给定功率谱（P_k）的过程的小波功率大于 p 的概率为：

$$D\left(\frac{|W_n^x(s)^2|}{\sigma_X^2} < p\right) = \frac{1}{2}P_k x_v^2(p) \tag{4-4}$$

其中，对于实小波，v 等于 1；对于复小波，v 等于 2。

（2）交叉小波变换

交叉小波变换方法是以小波变换为理论基础的一种将交叉谱分析与上文所提的连续小波变换交叉谱分析相结合的分析方法。在时频域中分析两个信号，可以诊断出它们之间的相位关系和时频相干性。交叉小波变换为时频域双变量时间序列之间的相关性分析提供了新的研究方法。

将两个时间序列 x_n 和 y_n 的交叉小波变换（XWT）定义为 $W^{XY}=W^X W^{Y*}$，其中*表示复共轭。进一步将交叉小波功率定义为 $|W^{XY}|$，该数值越大，说明两个变量间的相关性越高。复数参数 arg（W^{xy}）可以解释为时频空间中 x_n 和 y_n 之间的局部相对相位。Torrence 和 Compo（1998）给出了具有背景功率谱 P_k^X 和 P_k^Y 的两个时间序列的交叉小波功率的理论分布，如下所示：

$$D\left(\frac{|W_n^X(s)||W_n^{Y*}(s)|}{\sigma X \sigma Y} < p \right) = \frac{Z_v(p)}{v} \sqrt{P_k^X P_k^Y} \tag{4-5}$$

其中，Z_v（p）是与概率 p 相关的置信水平，概率 p 由两个 x^2 分布乘积的平方根定义。

对于交叉小波相位角，要想研究两个时间序列的分量之间的相位差，需要估计相位差的均值和置信区间。使用统计意义高于 5% 且超出 COI 的区域上的相位圆形平均值来量化相位关系，这是用于计算平均相位的有用且通用的方法。Zar（1999）提出一组角（a_i，i=1$\cdots$n）的圆平均值定义为：

$$a_m = \arg(X, Y) \tag{4-6}$$

其中，$X = \sum_{i=1}^{n} \cos(a_i)$，$Y = \sum_{i=1}^{n} \sin(a_i)$。

由于相位角不是独立的，因此很难可靠地计算出平均角度的置信区间，通过增加比例尺分辨率可以任意设置计算中使用的角度数量。了解角度在平均值周围的分散性是很有意义的，为此，将圆标准差定义为：

$$s = \sqrt{-2\ln(R/n)} \tag{4-7}$$

其中，$R = \sqrt{(X^2 + Y^2)}$。圆形标准差与线性标准差类似，在零到无穷大之间变化。当夹角在平均夹角附近分布时，其结果与线性标准差的结果相似。在某些情况下，可能有必要计算每个刻度的平均相位角，然后可以将相位角量化为若干年。

对于小波相干，交叉小波功率揭示了具有高共有功率的区域，在变量分析中，相干性的研究是非常重要的，是指变量之间的线性或相互依赖的关系。交叉小波变换在时频空间的相干性是衡量两种波形相似性的非常重要的方法，是时频域的一种局部相关系数。

$$R_n^2(s) = \frac{\left| S(s^{-1} W_n^{XY}(s))^2 \right|}{S(s^{-1} \left| W_n^X(s) \right|^2) \cdot S(s^{-1} \left| W_n^Y(s) \right|^2)} \tag{4-8}$$

其中，S是平滑算子。该定义与传统的相关系数非常相似，将小波相干性视为时频空间中的局部相关系数很有效。将平滑运算符S写为：

$$S(W) = S_{scale}(S_{time}(W_n(s))) \tag{4-9}$$

其中，S_{scale} 表示沿小波尺度轴方向的平滑，S_{time} 表示时间上的平滑。设计平滑算子是很自然的，可以使其具有与所用小波相似的覆盖区。对于 Morlet 小波，Torrence 和 Webster（1998）给出了一个合适的平滑算子：

$$S_{time}(W)|_s = (W_n(s) * c_1^{\frac{1 t^2}{2 s^2}})|_s \tag{4-10}$$

$$S_{time}(W)|_s = (W_n(s) * c_2 \prod(A))|_n \tag{4-11}$$

其中，c_1 和 c_2 是标准化常数，$\prod$ 是矩形函数。系数 A 表示 Morlet 小波的去相关长度，这个长度与 Morlet 小波的尺度相关，并且是通过经验来确定的。实际上，这两个卷积都是离散进行的，因此归一化系数是由数值确定的。

（3）离散小波变换

离散小波变换（Discrete Wavelet Transform，DWT）指的是对小波函数 $\psi_{a,b}(t)$ 中的参数 a，b 离散化（其中取 $a = a_0^j$，$b = a_0^j k$，j，$k \in Z$），即对尺度因子 j 和时移因子 k 进行离散化，而不是对时间 t 进行离散化处理。引入 DWT 的概念有两个原因：首先，在现实应用中，特别是对数据进行实际处理过程中，必须要对连续小波做离散化处理。其次，依据 CWT 概念，在连续变化的尺度 j 和时间 k 值下，小波基函数 $\psi_{j,k}(t)$ 具有很强的相关性，不同点的连续小波变换系数可以满足重新构建核方程的要求。为了使各点小波变换间不相关，需要在函数族 $\psi_j(t)$ 中找到正交基函数。通过离散化小波基函数 $\psi_{j,k}(t)$ 中参数 j 和 k 的离散化处理来找到相互正交基函数。

$$\psi_{j,k}(t) = a_0^{-j/2} \psi(a_0^{-j}t - k), \quad j, k \in Z \tag{4-12}$$

假设小波函数 $f(t) \in L^2(R)$，那么

$$(\mathrm{Wf})(\mathrm{j},\ \mathrm{k}) = \mathrm{a}_0^{-j/2}\int_{-\infty}^{+\infty}\mathrm{f}(\mathrm{t})(\mathrm{a}_0^{-j}\mathrm{t} - \mathrm{k})\mathrm{dt} \tag{4-13}$$

则被称为 f(t) 的 DWT。

参考 Percival 和 Walden（2006）提出的对离散小波变换的解释说明方法，其中，设 X 序列为一个 N 维的向量，用 $\{x_t,\ t = 0,\ ...,\ N - 1\}$ 表示，$N = C \times 2^j$，C 是常数，j 是正整数。通过 DWT 得到时间序列 X 的 DWT 系数 W，用 $\{W_n,\ n = 0,\ ...,\ N - 1\}$ 表示，由此 X 时间序列的 DWT 表示为 $W = \omega X$，W 表示为长度是 $N = 2^j$ 的列向量，其中第 n 个元素为第 n 个 DWT 系数 W_n，ω 则是 $N \times N$ 阶实值矩阵。DWT 系数向量 W 和矩阵 ω 表示为：

$$W = \begin{bmatrix} W_1 \\ W_2 \\ \vdots \\ W_{j0} \\ V_{j0} \end{bmatrix} \tag{4-14}$$

$$\omega = \begin{bmatrix} \omega_1 \\ \omega_2 \\ \vdots \\ \omega_{j0} \\ v_{j0} \end{bmatrix} \tag{4-15}$$

其中，$W_j = \omega_j X$，$V_{j0} = v_{j0} X$，$j = 1,\ 2,\ ...,\ J_0$，W_j 是 $N_j = N/2^j$ 维小波系数列向量，并且与 $\tau_j = 2^{j-1}$ 尺度的变化密切相关；ω_j 是 $N_j \times N$ 维的矩阵；V_{j0} 是 N_{j0} 维的尺度系数列向量，并且与 $\lambda_{j0} = 2^{j-1}$ 尺度的变化相关；v_{j0} 是一个 $1 \times N$ 维的矩阵。w 是一个规范正交矩阵，在 w_j 当中每行都可以看作任意一行的循环平移，且相互间规范正交。在 $\tau_j = 2^{j-1}$ 尺度上对序列相邻进行平均再做差分后得到列向量 W_j 的小波系数；X 序列样本的平均 $\overline{X}$ 与 $\sqrt{N}$ 相乘得到 V_{j0} 的尺度系数。X 向量是由 DWT 向量 W 重新构建而成：

$$X = \omega^{\mathrm{T}}W = \sum_{m=0}^{N-1}W_n\omega_n = \sum_{j=1}^{j_0}\omega_j^{\mathrm{T}}W_j + v_{j_0}^{\mathrm{T}}V_{j_0} = \sum_{j=1}^{j_0}D_j + S_{J_0} \tag{4-16}$$

定义 X 序列的多分辨率分析（Multi Resolution Analysis，MRA），X 分解成 $J_0 + 1$ 个 N 维子向量；$D_j = \omega_j^{\mathrm{T}}W_j(j = 1,\ 2,\ ...,\ j_0)$ 中 D_j 为第 j_c 层的小波细节；$S_{J_0} = v_{J_0}^{\mathrm{T}}V_{J_0}$ 中的 S_{J_0} 则为对应尺度 λ_{j_0} 的平滑层。

虽然连续小波变换和离散小波变换均能对时间序列进行多时间尺度分解，但均存在一定的缺陷。连续小波变换的缺点是出现的信息冗余尺度很大时，两个相邻范围内的连续小波变换的差异会很小；离散小波变换的缺点是样本长度必须满足2的倍数且不具有位移不变性。基于本书的研究目的，即样本的提取特征，最终选择下文介绍的改进的离散小波变换方法进行研究。

4.2　基于极大重叠离散小波变换的多元GARCH模型

小波变换通过逐步过滤时间序列，将原始时间序列分解为不同的时间序列，可以从多个时间层获得市场间的相互影响。

在分析金融市场之间的相关性时，大多数学者采用计量经济学模型，例如GARCH和DCC-MGARCH等模型。这些模型通常考虑数据间隔的有限范围，而忽略了其与两个市场的长期相关性。基于自回归模型，Soltani等（2000）和Renaud等（2003）讨论了小波分析在时间序列预测中的应用。越来越多的研究人员开发了各种模型，用于分析和预测非平稳时间序列。这种现象可归因于小波变换的多分辨率分析特性可以从时域和频域两个不同角度进行分析。基于小波变换的一组带通滤波器可以对数据进行滤波，适当选择尺度和平移系数。将基于经济周期的时间序列数据在不同频段上的长度进行划分可以有效消除不规则因素和随机因素以及长期趋势的影响。

4.2.1　极大重叠离散小波变换原理与特点

极大重叠离散小波变换（MODWT）已被认为是对离散小波变换（DWT）和其他普通小波变换的一种改进方法，是由Percival和Walden在2000年首次提出。MODWT是一种线性滤波操作，将一个序列转换为与一组尺度上的变化相关的系数，提供了一种更灵活的方式，可以通过可变窗口信号的时间频率来表示。DWT需要使用二进长度时间序列。与DWT不同，MODWT是一种低冗余、非正交的小波变换，避开了起点选择的影响，特别是MODWT不限制样本量，而DWT要求数据长度为2的幂。这种推进特性可以归因于在分解的每个层次去除下采样值，使得MODWT成为脑电处理中一种有吸引力的方法。虽然MODWT不能提供时间序列的精确正交分解，但它比基本DWT更有效，近年来，越来越多的学者选择这种方法进行经济研究。

通过合并两组小波变换系数，可以得到MODWT系数。滤波器输出可以通过进行两次DWT计算来获得，一次对普通向量X，一次对循环移位向量TX，其中X = $[X_0; X_1; \dots; X_{N-2}; X_{N-1}]$是一个N×1的列向量，T是N×N的循环移位矩阵，TX = $[X_{N-1}; X_0; X_1; \dots; X_{N-2}]$。MODWT滤波器和DWT滤波器之间的关系如下：

$$
\begin{cases}
\tilde{g}_l = \dfrac{g_l}{\sqrt{2}} \\
\tilde{h}_l = \dfrac{h_l}{\sqrt{2}}
\end{cases}
, \quad l = 1, 2, 3, \dots, L-1 \tag{4-17}
$$

其中，L表示为滤波器宽度，$\tilde{h}_l$和$\tilde{g}_l$分别表示DWT的小波滤波器和缩放滤波器。同样，h_l和g_l表示DWT的小波滤波器和缩放滤波器。还要注意，DWT小波和尺度滤波器之间的正交镜像关系也适用于MODWT滤波器：

$$
\begin{cases}
\tilde{g}_l = (-1)^{l+1} g_{L-1-l} \\
\tilde{h}_l = (-1)^{l+1} h_{L-1-l}
\end{cases}
\tag{4-18}
$$

与具有N个点的信号x（n）对应的第一级的MODWT缩放、小波、近似和细节系数，即$\tilde{V}_j$，$\tilde{W}_j$，$\tilde{A}_j$和$\tilde{D}_j$可以通过以下方式获得：

$$
\begin{cases}
\tilde{V}_{1,n} = \displaystyle\sum_{l=0}^{L-1} \tilde{g}_l x_{n-l \bmod N} \\
\tilde{W}_{1,n} = \displaystyle\sum_{l=0}^{L-1} \tilde{h}_l x_{n-l \bmod N} \\
\tilde{A}_{1,n} = \displaystyle\sum_{l=0}^{N-1} \tilde{g}_l \tilde{V}_{1,n+l \bmod N} \\
\tilde{D}_{1,n} = \displaystyle\sum_{l=0}^{N-1} \tilde{h}_l \tilde{W}_{1,n+l \bmod N}
\end{cases}
\tag{4-19}
$$

其中，mod是modulo的缩写。相应地，第j阶段的MODWT分解系数可以推导为以下方程：

$$
\begin{cases}
\tilde{V}_{j,n} = \displaystyle\sum_{l=0}^{L_j-1} \tilde{g}_{j,l} x_{n-l \bmod N} \\
\tilde{W}_{j,n} = \displaystyle\sum_{l=0}^{L_j-1} \tilde{h}_{j,l} x_{n-l \bmod N} \\
\tilde{A}_{j,n} = \displaystyle\sum_{l=0}^{N-1} \tilde{g}_{j,l}^{\circ} \tilde{V}_{j,n+l \bmod N} \\
\tilde{D}_{j,n} = \displaystyle\sum_{l=0}^{N-1} \tilde{h}_{j,l}^{\circ} \tilde{W}_{j,n+l \bmod N}
\end{cases}
\tag{4-20}
$$

　　其中，$\tilde{g}_l^*$被 g 周期化为长度 N，$\tilde{h}_l^*$被 h 周期化为长度 N。然后，就近似值和细节而言，可以使用以下方程式恢复原始时间序列 X(n)：

$$X(n) = \tilde{D}_1 + \tilde{D}_2 + \cdots + \tilde{D}_j + \tilde{A}_j \qquad\qquad (4-21)$$

　　值得注意的是，应用极大重叠离散小波变换（MODWT）计算尺度和小波系数所考虑的时间序列数据的分解是使用 Daubechies（正交小波族）长度为 8 的最小非对称滤波器（以下称为 LA（8））完成的。与 Haar 小波滤波器相比，LA（8）滤波器更平滑。此外，LA（8）滤波器比 Haar 小波滤波器表现出更好的跨尺度不相关系数（Cornish 等，2006）。根据 Bouri 等（2017）的方法，将序列分解为小波系数 D1 至 D4。对于所研究数据的分辨率，刻度为 2j 到 2j+1。2 至 4 天、4 至 8 天、8 至 16 天和 16 至 32 天的振荡周期分别对应小波尺度 D1、D2、D3 和 D4。

　　总结来说，MODWT 是对离散小波变换（DWT）的改进。通过对计算 DWT 系数的金字塔算法的简单修改，能够得到 MODWT。MODWT 被认为是 DWT 的通用集。与 DWT 相比，MODWT 除了具有 DWT 的优势外，特有优势是可以容纳任何样本量。此外，就时间序列的数据过滤起点方面而言，MODWT 是不敏感的。MODWT 过滤方法提供了对金融时间序列动态的洞察力，超越了现有方法所揭示的动态。非平稳性、多分辨率和近似解相关等特性，均可通过 MODWT 滤波器来实现。MODWT 滤波器是研究过程多分辨率特性的直接工具，可以将金融时间序列分解为不同的时间尺度，揭示数据的结构性断裂和波动集聚性特征，并可以在此时间尺度上识别过程的局部和全局动态特性。此外，MODWT 可以方便地分解跨时间尺度过程的相关结构。因此，本书选择 MODWT 来对各市场的时间序列进行多时间尺度分解。

4.2.2　多元 GARCH 模型原理与特点

　　在研究能源金融跨市场间风险传导过程中，不仅要考虑市场自身受到前期价格波动的影响，还应考虑市场间的相互价格波动影响。因此，需要选择建立合适的模型来研究跨市场间的风险传导问题。研究能源金融跨市场间的风险传导问题需选择建立多元 GARCH，多元 GARCH 族模型可以通过残差矩阵中所呈现的信息分析市场间的相互作用。此外，相较于其他模型，多元 GARCH 模型具有更加精确的参数估计值，对跨市场间风险传导的检验效果更好。主要常见的多元GARCH模型主要有VECH模型、D-VECH模型、CCC模型以及DCC模型等，因此需要进行对比筛选。

（1）VECH模型

VECH模型即多元向量误差条件异方差模型。假设有 m 个变量，残差 μ_t 为 m × 1 阶随机序列向量，且 $\mu_t | \Omega_{t-1} \sim N(0, H_t)$。其中，$H_t$ 为 m 阶正定矩阵，则 VECH（p，q）的一般形式表示为：

$$\text{vech}(H_t) = C + \sum_{j=1}^{q} A_j \text{vech}(\mu_{t-j}\mu_{t-j}') + \sum_{i=1}^{p} B_i \text{vech}(H_{t-i}) \tag{4-22}$$

其中，vech(•)是将 m 阶对称矩阵下三角部分按照列依次堆积成一个 $\frac{m(m+1)}{2}$ 维的列向量。C 表示 $\frac{m(m+1)}{2}$ 维的向量，A_j 和 B_i 表示 $\frac{m(m+1)}{2}$ 维的参数方阵。

在研究市场间的风险传导关系时，VECH模型虽然可以研究不同市场间动态交叉的相互影响关系，但在应用中VECH模型却存在严重缺陷，主要是模型设定中待估参数个数过多，而且对协方差矩阵 H_t 的正定性无法保证。

（2）DVECH模型

为解决上述VECH模型估计参数较多的缺陷，Bollerslev（1988）等提出了改进后的DVECH模型（即对角多元向量误差条件异方差模型）。DVECH模型是把VECH模型中 A_j 和 B_i 矩阵设定成对角矩阵，其一般形式表示为：

$$\text{vech}(H_t) = C + \sum_{j=1}^{q} \text{diag}(a_{j1}, \cdots, a_{j\frac{n(n+1)}{2}}) \text{vech}(\mu_{t-j}\mu_{t-j}') + $$
$$\sum_{i=1}^{p} \text{diag}(b_{i1}, \cdots, b_{i\frac{n(n+1)}{2}}) \text{vech}(H_{t-i}) \tag{4-23}$$

改进后的模型可以在很大程度上克服VECH模型待估参数较多的缺陷问题，但协方差矩阵的正定性仍然不能保证，因此本书不选用DVECH模型来研究市场间的风险传导问题。

（3）CCC模型

CCC模型即常条件协相关系数模型，可以解决不能保证方差矩阵的正定性问题。如下方程可以用来计算条件协方差矩阵中的各个元素：

$$h_{iit} = c_i + \alpha_i \mu_{it-1}^2 + b_i h_{iit-1} \tag{4-24}$$

$$h_{ijt} = \rho_{ij}\sqrt{h_{iit}h_{jjt}} \tag{4-25}$$

此外，需对常数项进行如下约束：

$$c_i = \sigma_0^2(1 - \alpha_i - b_i) \tag{4-26}$$

其中，σ_0^2 是无条件方差，还可以把外生变量加入到方程中。此外，CCC模型是相关系数不变的多元时序模型，假设待估参数恒定，也就是方程中该外生变量相关系数不变。具体形式如下：

$$h_{iit} = c_i + \alpha_i\mu_{it-1}^2 + b_ih_{iit-1} + e_iX_{1t} + gX_{2t} \tag{4-27}$$

总之，VECH模型、DVECH模型和CCC模型都可以研究市场间的风险传导关系，但均存在一定的缺陷。具体来说，VECH模型是广义模型，其待估参数较多，不适用于现实具体应用。因此，操作起来非常困难，不利于模型实现，并且它对协方差矩阵的正定性无法保证。DVECH模型是改进的VECH模型，它的待估参数相对较少，更容易估计结果，但很难克服协方差矩阵的正定性不能保证的问题。CCC模型操作方便且待估参数大大减少，协方差矩阵的正定性可以得到保证，但需要模型的相关系数不变，这种苛刻的假设条件在实际应用中很难成立。

（4）DCC模型

针对常数系数条件相关模型中的缺陷，Engle于2002年提出了动态条件相关模型（Dynamic Conditional Correlation，DCC），下面重点来介绍DCC模型的基本原理。

DCC模型假设市场价格的时间序列服从方差-协方差矩阵为 H_t、均值为0的多元正态分布，即：

$$r_t \big| Y_{t-1} \sim N(0, H_t)$$

其动态相关方程设置为：

$$H_t = D_tR_tD_t \tag{4-28}$$

$$R_t = (Q_t^*)^{-1}Q_t(Q_t^*)^{-1} \tag{4-29}$$

$$Q_t = (1 - \sum_{m=1}^{M}\theta_m - \sum_{n=1}^{N}\vartheta_n)\bar{Q} + \sum_{m=1}^{M}\theta_m(\varepsilon_{t-m}\varepsilon'_{t-m}) + \sum_{n=1}^{N}\vartheta_nQ_{t-n} \tag{4-30}$$

其中，$D_t = \text{diag}(\sqrt{h_{i,t}})$ 是单一变量GARCH模型的时变条件标准差采用对角元素构成的 $k \times k$ 阶对角矩阵；$h_{i,t}$ 是GARCH模型中第 i 个单变量估计形成的方差；R_t 是动态相关系数矩阵；Q_t 为 ε_t 的条件方差-协方差矩阵；$\varepsilon_t = D_t^{-1}r_t$ 为标准化残差项；$Q_t^* =$

$\mathrm{diag}(\sqrt{q_{11,t}},\ \sqrt{q_{22,t}},\ \cdots,\ \sqrt{q_{kk,t}})$，为矩阵 Q_t 主对角线元素的开方值；$\bar{Q} = T^{-1} \sum\limits_{t=1}^{T} \varepsilon_t \varepsilon_t'$ 为 ε_t 的无条件方差-协方差矩阵；ϑ_n 和 θ_m 是 DCC-GARCH 模型中前期条件方差系数以及前期残差平方项系数。另外，此模型还要求 $\vartheta_n > 0$，$\theta_m > 0$，$\sum \vartheta_n + \sum \theta_m < 1$。

通过两个步骤来估计 DCC-GARCH 模型：第一，需要估计单个变量 GARCH 模型；第二，依据第一步中估计的标准化残差（ε_t）对动态条件相关的参数进行估计。在第一阶段估计结果的条件下，再对第二阶段的动态相关系数做进一步估计。似然函数如下：

$$\log L_2 = -\frac{1}{2} \sum_{t=1}^{T} (k \log(2\pi) + 2\log(|D_t|) + \log(|R_t|) + r_t D_t^{-1} R_t^{-1} D_t^{-1} r_t) \tag{4-31}$$

随着实践中计量模型的不断完善，人们发现变量间相关性往往具有非对称性特征。这种非对称相关性特征目前在学术界已被广泛接受。

非对称 DCC-GARCH 模型如下：

$$Q_t = (1 - \sum_{m=1}^{M} \theta_m - \sum_{n=1}^{N} \vartheta_n)\bar{Q} - \eta\bar{M} + \sum_{m=1}^{M} \theta_m (\varepsilon_{t-m} \varepsilon_{t-m}') + \sum_{n=1}^{N} \vartheta_n Q_{t-n} + \eta m_{m-1} m_{t-1}' \tag{4-32}$$

非对称 DCC-GARCH 模型在传统 DCC-GARCH 模型基础上增加了 m_t 个虚拟变量，其中：

$$m_t = I(A) \cdot R_t$$

$I(A)$ 是 k 个收益率序列的因子方程，若事件 A 发生时则 $I(A) = 1$；若事件 A 没有发生时则 $I(A) = 0$。根据 $\bar{M} = T^{-1} \sum\limits_{t=1}^{T} m_t m_t'$ 来对 $\bar{M} = E(m_t m_t')$ 进行估计。η 为非对称项系数，若 η 值显著，说明市场间的动态相关性关系具有非对称性特征；若 $\eta > 0$，说明市场间同时正向或负向波动时，负向冲击会加强市场间的动态相关性。同样，非对称 DCC-GARCH 模型也需要满足 $\vartheta_n > 0$，$\theta_m > 0$，$\sum \vartheta_n + \sum \theta_m < 1$。

非对称对称 DCC-MGARCH 模型可以描述市场间各个时点的动态相关性，对研究金融危机发生前期、中期以及后期能源金融市场与其他市场间的动态相关性具有十分重要的意义。此外，DCC-MGARCH 模型操作过程相对简单，待估参数的数量远低于其他方法，因此 DCC-MGARCH 模型非常适用于能源金融市场与其他市场间的风险传导分析。

4.2.3　基于极大重叠离散小波变换的DCC-GARCH 模型构建

用于描述价格不确定性的协方差和方差具有随时间变化的特征，因此变量间的相关系数不是稳定的，而是随时间变化的。本书主要研究市场间收益与波动在多个层面上的联系，为了描述石油市场、汇率市场和股票市场间的动态条件相关性，并进一步研究三个市场间的风险波动溢出效应，本章首先讨论了三个市场间的动态相关性。为此，我们估计了一个动态条件相关多变量小波 GARCH 模型（DCC-GARCH）。这使得时间序列的时间域和频率域的变化可以同时适应，因此可以用来检查不同时间尺度下金融变量之间的相互作用。此外，该模型控制了变量之间关系中的任何潜在非线性、结构突变、季节性、趋势和任何其他周期性模式。

基于小波的DCC-GARCH估计是用两步法生成的。首先，利用极大重叠离散小波变换（MODWT）在时间域和频率域上分解每个被检查的时间序列，计算小波变换。其次，利用得到的小波时间序列对DCC-GARCH模型进行估计。

本节基于MODWT方法对石油市场和股票市场的时间序列进行多时间尺度分解，构建基于小波变换的非对称DCC-GARCH模型，对石油市场与股票市场、汇率市场间的动态性进行实证研究。

首先，没有多时间尺度小波分解的时间序列数据通常会存在噪声、不规则等特点，无法精确度量和观察石油市场与股市、汇市之间的风险传导。对关注不同投资决策周期的市场参与者以及能源金融市场风险监管部门而言，从短、中、长期基于不同时间尺度构建风险波动溢出模型十分重要。

其次，多元GARCH类模型可以在一定程度上描述序列之间的波动溢出性。基于传统的多元GARCH模型，学者们陆续开发了一系列多元GARCH的升级模型，如前文介绍的 VECH-MGARCH 模型、CCC-MGARCH 模型、BEKK-MGARCH 模型和 DCC-GARCH 模型等。本章运用典型相关分析的思想，采用动态条件相关（DCC-GARCH）模型对国际石油市场与股票市场、汇率市场的风险波动情况进行动态相关性分析。

在小波分解结果的基础上，可利用上文提出的 DCC-GARCH 模型分析不同时间尺度下市场间的动态相关性。条件均值被建模为向量自回归过程（VAR 模型），并将波动性用多元 GARCH 模型实现。动态条件相关（DCC-GARCH）模型是 Engle（2002）在 CCC（Constant Conditional Correlation）模型的基础上提出的。为了产生一个更简洁的过程，CCC-GARCH 假设所有条件相关系数都是常数，但是由于条件相关性受条件波动率影响，因此条件相关性有可能随时间变化。为了解决这一问题，引入 DCC-GARCH。该方法适用于分析不同收益率序列之间的同一时期的条件相关系数。此外，DCC 估计的灵活性可与单变量 GARCH 模型相媲美，并且与常规 GARCH 模型相比，其复杂度也较低。DCC-GARCH 模型基于条件协方差矩阵分解为两个时变部分：一个是条件标准差矩阵，另一个是相关矩阵。分解的基本要点是通过分离单变量和多变量动力学来简化估计过程。可以说该模型放宽了常相关假设，考虑了时变相关性。此外，模型中待估计参数的个数呈线性增长，而不是呈指数增长，这涉及维数的问题。该模型按如下方式分解矩阵 H_t：

$$H_t = D_t R_t D_t \tag{4-33}$$

其中，H_t 是 $n \times n$ 阶矩阵，$E[r_t] = 0$，$\mathrm{Cov}[r_t] = H_t$；D_t 是时间 t 的 n 个单变量 GARCH 模型的时变标准差的 $n \times n$ 对角矩阵。

$$D_t = \begin{bmatrix} \sqrt{h_{1t}} & 0 & \cdots & 0 \\ 0 & \sqrt{h_{2t}} & \ddots & \vdots \\ \vdots & \ddots & \ddots & 0 \\ 0 & \cdots & 0 & \sqrt{h_{nt}} \end{bmatrix} \tag{4-34}$$

R_t 是标准化扰动的时变条件相关矩阵 ε_t，其中，$\varepsilon_t = D_t^{-1} r_t \sim N(0, R_t)$，$R_t$ 为：

$$R_t = \begin{bmatrix} 1 & \rho_{12,t} & \cdots & \rho_{1n,t} \\ \rho_{12,t} & 1 & \ddots & \vdots \\ \vdots & \vdots & \ddots & \rho_{n-1,n,t} \\ \rho_{1n,t} & \cdots & \rho_{n-1,n,t} & 1 \end{bmatrix} \tag{4-35}$$

在定义 DCC-GARCH 过程时，必须至少满足两个条件标准。首先，H_t 必须是正定的（因为它是协方差矩阵）。由于 D_t 的结构（正对角元素）为正定矩阵，因此 R_t 必须是正定矩阵。其次，R_t 中的元素应该小于或等于 1。在这些前提下，R_t 可以分解为：

$$R_t = U_t^{*-1} U_t U_t^{*-1} \tag{4-36}$$

$$U_t = (1 - \alpha - \beta)\bar{U} + \alpha\varepsilon_{t-1}\varepsilon_{t-1}^T + \beta U_{t-1} \tag{4-37}$$

U_t^*是一个对角矩阵，其元素由U_t的对角元素的平方根组成。

$$U_t^* = \begin{bmatrix} \sqrt{q_{11,t}} & 0 & \cdots & 0 \\ 0 & \sqrt{q_{22,t}} & \ddots & \vdots \\ \vdots & \ddots & \ddots & 0 \\ 0 & \cdots & 0 & \sqrt{q_{nn,t}} \end{bmatrix} \tag{4-38}$$

其中，U_t^*重新缩放U_t中的元素，使得$|\rho_{ij}| = \left| \dfrac{q_{ij,t}}{\sqrt{q_{ij,t}q_{jj,t}}} \right| \leq 1$。$U_t$必须是正定的，所以$R_t$是正定的。

其中，$\bar{U} = \mathrm{Cov}[\varepsilon_t\varepsilon_t^T] = E[\varepsilon_t\varepsilon_t^T]$表示$\varepsilon_t$（标准化误差）的无条件协方差矩阵，$\bar{U}$可估计为$\bar{U} = \dfrac{1}{T}\sum_{t=1}^{T}\varepsilon_t\varepsilon_t^T$。

最大似然估计用于估计模型，标量参数α和β必须满足一定的条件才能保证H_t是正定矩阵：一是$\alpha \geq 0$，$\beta \geq 0$；二是$\alpha + \beta < 1$。DCC-GARCH结果依赖这两个参数，因为对两个参数进行估计，模型更容易得到最优解。

两个序列之间的结果相关性取决于标准化残差。一方面，当残差向同一方向移动时，会推动相关性上升，最终随着时间的推移以及对信息的完全吸收，逐渐回落到平均水平。另一方面，当残差向相反方向移动时，会导致相关性变得较低。移动到不同位置所需的时间由参数α和β决定，具体来说，α表示短期持久性，β表示长期持久性。

4.3 能源金融市场与股票市场、汇率市场间的动态相关性实证研究

4.3.1 数据选取及处理

石油市场方面，本书选取国际石油市场作为研究对象。Brent原油和WTI原油是国

际上两种有影响力的基准原油价格。Brent原油主要在北大西洋的布伦特地区生产。纽约证券交易所和伦敦洲际交易所都有基于此的期货合约，这是基准原油价格之一。WTI原油是全球所有实物商品期货合约中交易最活跃的期货合约的基础价格，约占商品期货市场交易活动的2/3，因此WTI被视为原油价格的全球基准。因此，本书选择WTI原油价格代表国际石油市场价格。美国能源信息署（Energy Information Administration，EIA）每个星期三定期发布WTI原油价格，这些数据可以直接获取。

股票市场方面，选取中国和美国两国股票指数作为研究对象。美国股票市场主要包括三大股票指数，即道琼斯工业指数、标准普尔500指数以及纳斯达克指数。其中，标准普尔500指数简称为S&P500指数，是由500家美国上市公司的股票记录而成的股票指数。S&P500指数所涵盖的上市公司来自纽约证券交易所（NYSE）、全美证券交易所（AMEX）以及纳斯达克股市（NASDAQ），是美国主要的股票交易所。与道琼斯指数相比较，S&P500指数采样的范围更广，可以反映更为全面的股票市场变化情况，但纳斯达克指数的代表性不是很强。S&P500指数具有代表性更强、准确性更高、连续性更为突出等特点，通常用来作为研究美国股票市场的指标。本书选取S&P500指数作为研究样本。尽管目前中国股票市场为多层次股票市场，包括主板、中小板、创业板和新三板等，但深圳成指和上证指数总体上可以代表中国股票市场的基本状况。其中，从深圳成指和上证指数当中选出的300只具有代表性的股票组成了沪深300指数，简称为HS300指数。本书选取HS300指数作为衡量中国股市的指标具有合理性。

汇率市场选择方面，选取中国和美国两国汇率指数作为研究对象。就美元价格来说，目前为止，国际上普遍承认的是美联储发布的广义美元指数（TWDI）、美国洲际交易所发布的美元指数（DXY）和福汇与道琼斯指数一起开发的"基于流动性的"道琼斯美元指数（FXCM）。上述三个指数中，TWDI具有更强的综合性，能够全面表示美元汇率的变动趋势；DXY是根据美元与六种世界主要货币汇率的加权值计算而来，该指标具有较大的影响性，在六种货币中，欧元的比例最高；FXCM的编制主要将金融市场的流动性考虑在内，赋予四种世界货币相同的权重，计算更为简单，也更容易进行买卖。综上所述，考虑到不同指标的特点，本书选用TWDI来表示美国汇率市场的汇率，数据可以从Wind数据库中获得。在目前的国际货币体系当中，美元是重要的货币之一。

近年来，随着人民币国际化的逐步推进，人民币在世界上的地位越来越重要。自 2005 年 7 月 21 日起，我国开始实行以市场供求为基础、参考一篮子货币进行调节、有管理的浮动汇率制度，汇率参考"一篮子货币"（Basket of currencies）（包括美元、日元、英镑、欧元等）进行定价。由于美元的强势地位，使其在"一篮子货币"中所占的比重较大，并且还会对其他货币产生影响。因此，选取人民币汇率即人民币兑换美元汇率中间价来作为中国汇率市场的汇率更为合理。

长期的历史数据可以揭示很多信息，但由于在 2005 年 7 月 21 日前中国一直实行固定汇率制度，这样汇率几乎不会受到外部其他因素的影响，外部风险冲击很难对其产生风险传导效应。2005 年 7 月 21 日之后中国开始实施人民币汇率改革，逐渐放开利率管制，完善了人民币汇率中间价的形成机制，并参照一篮子货币形成有管理的浮动汇率制度，所以本章选取样本区间范围为 2005 年 7 月 22 日至 2018 年 7 月 22 日。将样本区间划分为三个阶段：2005 年 7 月 22 日至 2007 年 7 月 21 日划分为第一阶段（即金融危机前），2007 年 7 月 22 日至 2011 年 7 月 21 日划分为第二阶段（即金融危机期间），2011 年 7 月 22 日至 2018 年 7 月 22 日划分为第三阶段（即金融危机后）。整个样本区间涵盖了过去十几年的主要金融动荡时期，美国金融危机、欧洲债务危机和 2014 年油价下跌等情况均包含在内。由于各个市场间的节假日时间不同等问题，为了保证时间序列样本一致性，剔除了一些日常观察数据，选择各个市场中同一日期的价格数据作为研究样本。石油市场与中美股票市场以天为单位的采样期间共有 3 057 次观测，石油市场与中美汇率市场以周为单位的采样观测值为 634 次。

4.3.2　极大重叠离散小波分解结果分析

1）描述性统计分析

本章用 WTI 表示西得克萨斯轻质原油价格指数收益率，用 HS300 和 S&P500 分别表示沪深 300 指数收益率和标准普尔 500 指数收益率，用 CFETS 和 TWDI 分别表示人民币汇率指数收益率和美元汇率指数收益率。在应用 MGARCH 模型之前，重要的是检查时间序列是否平稳。首先对小波尺度下样本数据进行描述性统计量分析，详细结果见表 4-1：

表4-1　　　　　　　　　　　　　小波尺度下样本数据描述性统计分析

统计量	指标类型	尺度D1	尺度D2	尺度D3	尺度D4
均值	WTI原油价格指数	0.000	0.000	0.000	0.001
方差		0.843	0.902	1.082	1.673
偏度		0.239	0.141	0.201	-0.183
峰度		16.938	9.294	7.304	8.305
J-B统计量（P值）		0	0	0	0
ADF		-25.839***	-22.983***	-19.834***	-20.850***
静态性		是	是	是	是
均值	S&P500价格指数	0.000	-0.002	-0.005	0.012
方差		6.433	7.094	11.793	12.590
偏度		-0.095	-0.179	0.233	0.010
峰度		7.843	9.975	11.947	8.696
J-B统计量（P值）		0	0	0	0
ADF		-33.193***	-27.874***	-21.784***	-25.119***
静态性		是	是	是	是
均值	深沪300价格指数	0.000	0.001	0.013	0.000
方差		8.204	6.921	14.925	16.482
偏度		0.204	-0.193	0.031	0.148
峰度		8.841	10.238	7.084	11.663
J-B统计量（P值）		0	0	0	0
ADF		-27.301***	-28.934***	-30.948***	-24.195***
静态性		是	是	是	是

续表

统计量	指标类型	尺度D1	尺度D2	尺度D3	尺度D4
均值	TWDI汇率指数	0.001	0.007	0.008	0.003
方差		1.034	1.932	1.488	2.194
偏度		0.007	0.139	0.302	0.163
峰度		4.921	6.721	5.729	7.028
J-B统计量（P值）		0	0	0	0
ADF		−18.948***	−28.913***	−35.931***	−14.892***
静态性		是	是	是	是
均值	人民币汇率指数	0.000	0.010	0.002	−0.016
方差		1.492	1.380	1.532	1.743
偏度		−0.102	0.159	0.141	0.262
峰度		7.092	6.739	5.737	9.547
J-B统计量（P值）		0	0	0	0
ADF		−29.391***	−15.294***	−29.351***	−28.315***
静态性		是	是	是	是

注：*表示指标在10%显著性水平显著，**表示指标在5%显著性水平显著，***表示指标在1%显著性水平显著。

表4-1显示了每个小波尺度下样本数据的描述性统计，描述了每个量表的样本均值、方差、偏度、峰度、Jarque-Bera统计量、ADF检验和静态性。如表4-1所示，WTI价格指数、中美股市价格和中美汇率指数的样本均值等于或近似等于零。根据方差，中美股票市场的波动性要大于WTI原油市场的波动性。峰度统计值大于3，说明5个指标均倾向于服从尖峰厚尾的尖峰态分布。Jarque-Bera（J-B）统计检验在高显著性水平上

一直被拒绝，这意味着所有的小波序列都不是正态分布的。ADF检验结果拒绝了显著性为1%的单位根的零假设，这表明本研究中使用的样本序列可以被认为是平稳的，小波是动态关联的，因此可以在不存在伪回归问题的情况下建立经济计量模型。接下来本章节运用MODWT-DCC-GARCH模型研究石油市场、股票市场与汇率市场间的动态相关性，以及不同尺度下的相关性表现差异。

2）分解结果分析

在分析金融市场之间的相关性时，大多数学者采用计量经济学模型，这些模型通常考虑数据间隔的有限范围，忽略了市场间不同尺度周期的相关性。因此，本章先使用极大重叠离散小波变换（MODWT）来研究两个市场在不同时间尺度上的交叉相关性。

本章应用极大重叠离散小波变换（MODWT）计算尺度系数和小波系数，所考虑的时间序列数据的分解使用Daubechies（正交小波族）长度为8的最小非对称滤波器。与Haar小波滤波器相比，LA（8）滤波器至少具有两个优点：首先，LA（8）滤波器更平滑；其次，LA（8）滤波器在各个尺度上可以生成不相关系数。本章的研究遵循上一章的研究思路，将石油市场与股票市场、汇率市场的原始数据s（t）分解成5个子序列（D1、D2、D3、D4和R4）。其中，石油市场与股票市场的小波尺度分解日期是以天为单位，即2~4天、4~8天、8~16天和16~32天，振荡周期分别对应小波尺度D1、D2、D3和D4，平滑分量R4代表长期趋势，具体见表4-2。

表4-2 石油–股票小波分解尺度及对应分解日期

小波分解尺度（O-S）	符号（D）	对应日期（Days）
尺度1	D1	2~4
尺度2	D2	4~8
尺度3	D3	8~16
尺度4	D4	16~32

与此不同的是，石油市场与汇率市场的小波尺度分解日期是以周为单位，小波尺度D1、D2、D3和D4分别对应的振荡周期是1~2周、2~4周、4~8周和8~16周，R4为长期趋势，见表4-3。

表4-3 石油-汇率小波分解尺度及对应分解日期

小波分解尺度（O-R）	符号（D）	对应日期（Weeks）
尺度1	D1	1~2
尺度2	D2	2~4
尺度3	D3	4~8
尺度4	D4	8~16

图4-1至图4-6是WTI原油市场与中美股票市场、汇率市场的多尺度小波分解图。

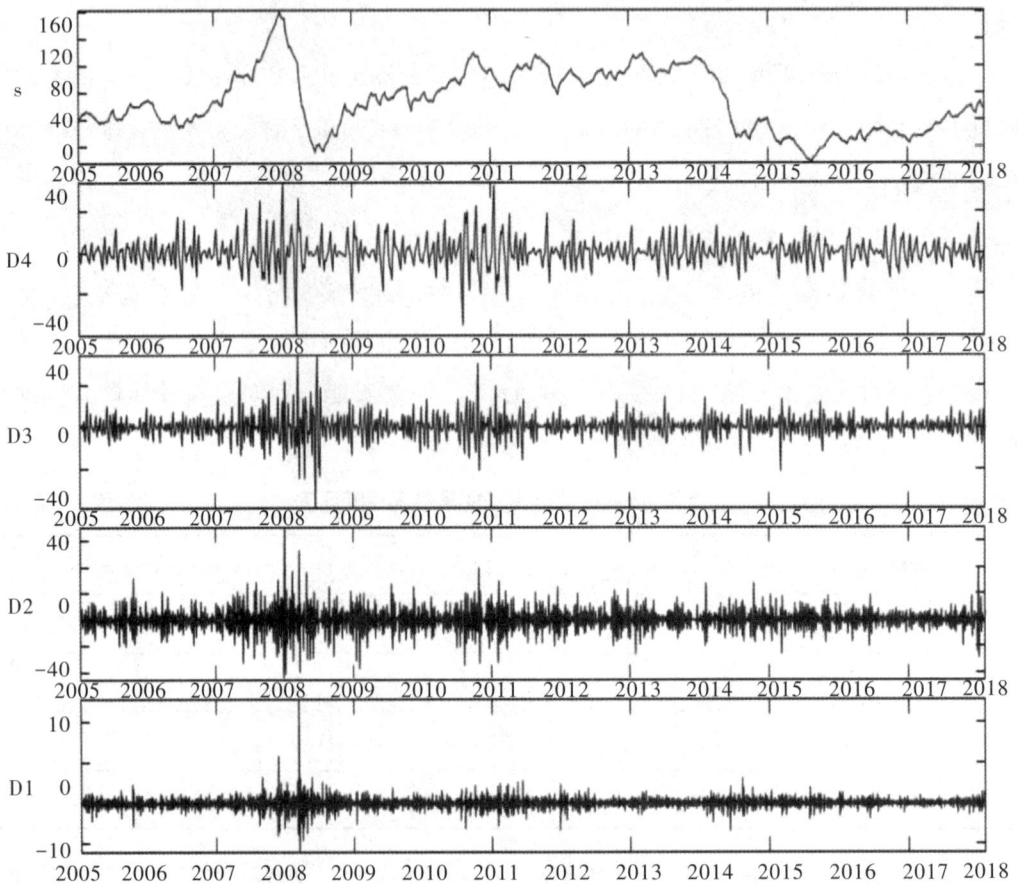

图4-1 WTI原油市场指数的小波分解（单位：天）

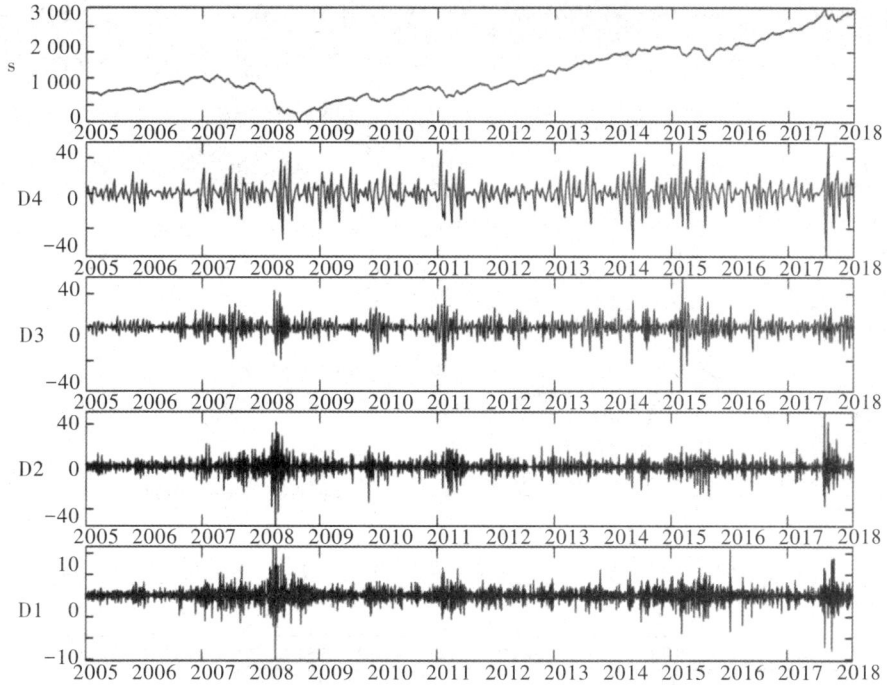

图4-2 标准普尔500（美国）股票市场指数的小波分解（单位：天）

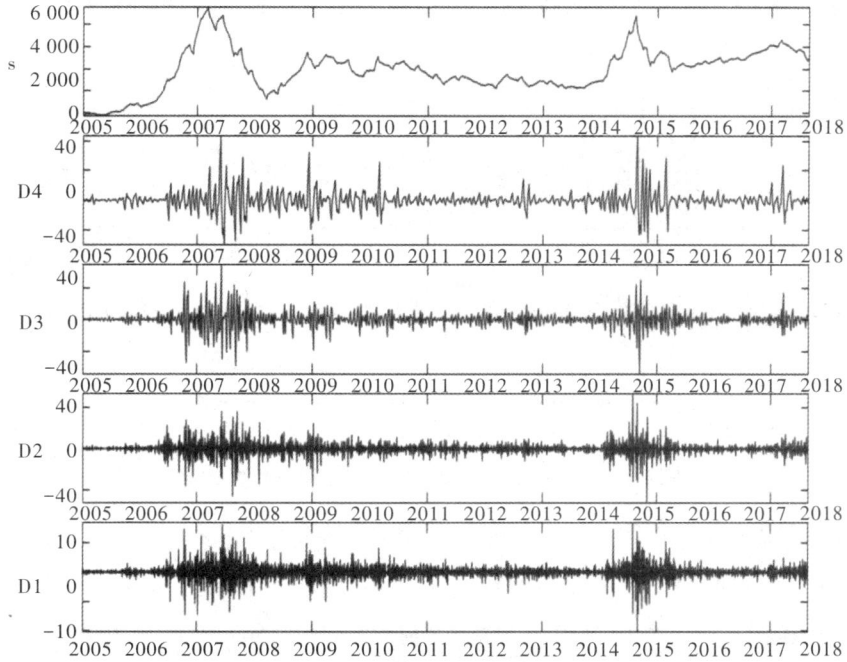

图4-3 沪深300（中国）股票市场指数的小波分解（单位：天）

通过图4-2和图4-3的S&P500收益率价格指数和HS300收益率价格指数D1至D4层的时频域分析结果可知，就原始相关序列的分解子序列而言，短时期段（D1）和中时期段（D2和D3）的子序列波动剧烈，这说明中短期的市场预期是混乱的，主要由利益相关者进行投机交易行为等因素造成，但它们的范围更温和。此外，长时期段（D4）的子系列显示出连续性趋势，但它的范围更广、变化程度较大，这主要由于世界经济周期和基本供求问题。

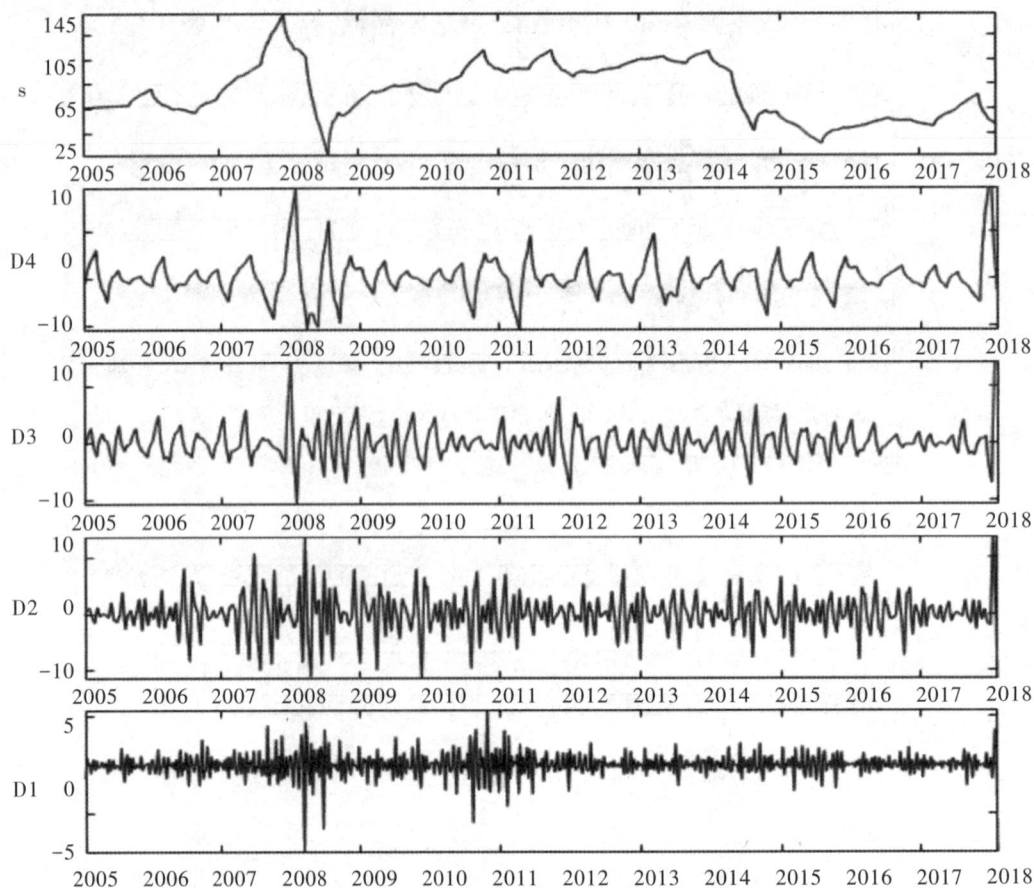

图4-4　WTI原油市场指数的小波分解（单位：周）

通过图4-5和图4-6的极大重叠离散小波的分解结果来看，美中汇率指数收益率序列同样在D1和D2时期段震荡较为剧烈，包含了更多的噪声；而中时期段序列D3和D4尺度则波动相对平缓。总体来说，在短期内存在大幅、异常波动；中期震荡波动性减弱，持续温和波动；长期尺度下波动更为平稳。

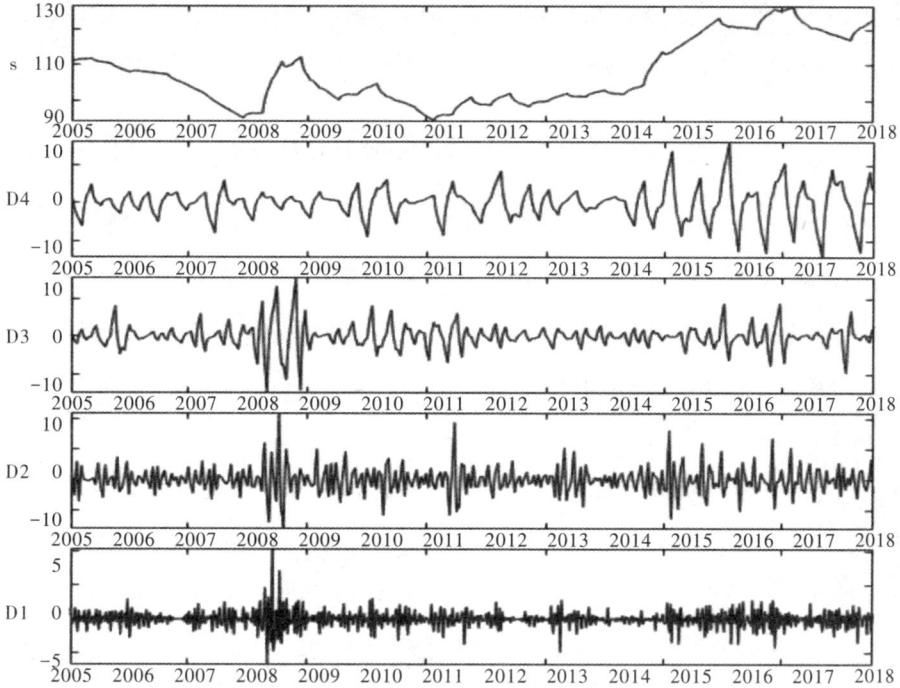

图4-5 美国汇率市场指数的小波分解（单位：周）

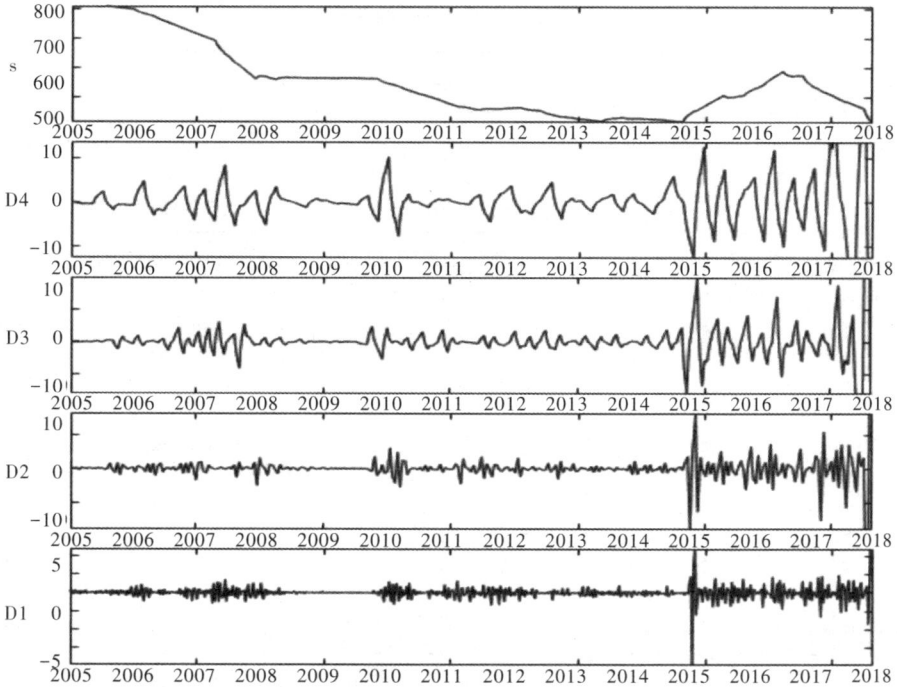

图4-6 中国汇率市场指数的小波分解（单位：周）

基于不同时间尺度，下面结合DCC-GARCH模型来进一步考察石油市场与中美股票市场、汇率市场间的动态相关性。

4.3.3　DCC-GARCH模型估计结果分析

基于不同时间尺度，下面我们结合DCC-GARCH模型来进一步考察石油市场与中美股票市场、汇率市场间的动态相关性。通过MODWT对样本进行多尺度分解后，为了从各个时间尺度观察石油市场与股票市场的联动性，判断不同时间尺度下的波动特征，我们运用MODWT-BEKK-GARCH模型进行动态相关性分析。

1）Q检验

上文样本数据通过ADF检验具有平稳性后，需再对样本序列的残差平方序列进行Q检验，以此判断市场间残差序列的条件异方差是否存在，确定存在自回归异方差后才能使用DCC-GARCH模型。Q检验结果可参见表4-4。分析结果表明，各市场残差序列的自回归异方差均存在，所以下面可以继续对石油市场、股票市场以及汇率市场采用ARCH模型进行检验。

表4-4　　　　　　　　　　　　各市场残差序列Q检验表

样本序列	Lag	D1		D2	
		Q	P值	Q	P值
WTI	1	84.532	0.000	92.394	0.000
	2	123.349	0.000	119.239	0.000
	3	285.053	0.000	320.153	0.000
S&P500	1	28.940	0.000	118.385	0.000
	2	83.058	0.000	238.582	0.000
	3	275.395	0.000	286.401	0.000
HS300	1	143.293	0.000	79.859	0.000
	2	240.857	0.000	385.302	0.000
	3	266.728	0.000	401.395	0.000

样本序列	Lag	D1		D2	
		Q	P值	Q	P值
TWDI	1	27.395	0.000	68.842	0.000
	2	64.986	0.000	83.814	0.000
	3	114.872	0.000	194.259	0.000
CFETS	1	153.239	0.000	83.985	0.000
	2	183.928	0.000	163.948	0.000
	3	492.382	0.000	287.484	0.000

样本序列	Lag	D3		D4	
		Q	P值	Q	P值
WTI	1	79.321	0.000	118.293	0.000
	2	132.094	0.000	242.495	0.000
	3	215.395	0.000	347.571	0.000
S&P500	1	59.395	0.000	113.298	0.000
	2	114.503	0.000	195.492	0.000
	3	225.498	0.000	246.864	0.000
HS300	1	204.959	0.000	139.495	0.000
	2	301.984	0.000	293.497	0.000
	3	485.294	0.000	364.927	0.000
TWDI	1	38.949	0.000	82.049	0.000
	2	85.095	0.000	183.475	0.000
	3	117.094	0.000	273.409	0.000
CFETS	1	209.493	0.000	305.839	0.000
	2	288.499	0.000	382.095	0.000
	3	325.591	0.000	453.671	0.000

表4-4展现的是滞后3阶的Q统计量，1%置信水平下P值均为0，拒绝原假设，石油市场、股票市场以及汇率市场间存在自相关，可以继续对以上市场做ARCH效应检验。

2）ARCH效应检验

在OLS估计中，通常假设随机误差项的方差相同，但实际研究中样本时间序列的残差项通常可能具有异方差效应。在使用DCC-GARCH模型前，有必要对残差序列进行ARCH效应检验，我们选用ARCH-LM对数据进行检验，详细结果见表4-5。

表4-5 各市场残差序列ARCH效应检验表

样本序列	D1		D2	
	F统计量	P值	F统计量	P值
WTI	42.937	0.000	32.909	0.000
S&P500	32.413	0.000	28.153	0.000
HS300	26.212	0.000	29.094	0.000
TWDI	19.325	0.000	16.235	0.000
CFETS	39.391	0.000	30.941	0.000

样本序列	D3		D4	
	F统计量	P值	F统计量	P值
WTI	28.939	0.000	26.385	0.000
S&P500	31.192	0.000	34.491	0.000
HS300	43.985	0.000	28.832	0.000
TWDI	51.920	0.000	42.988	0.000
CFETS	31.395	0.000	29.645	0.000

由表4-5可知，所有残差项均存在ARCH效应。因此，可以使用DCC-GARCH模型进行检验。

3）DCC-GARCH参数估计

接下来对石油市场、股票市场以及汇率市场序列使用DCC-GARCH模型。DCC-GARCH参数估计分为两步：第一步，分别对各市场序列建立单变量GARCH模型，构建残差项序列和条件方差序列。第二步，根据第一步的结果对残差进行标准化处理来建立动态相关模型。

对WTI、S&P500、HS300、TWDI和CFETS指标的单变量GARCH（1，1）模型的参数估计结果见表4-6：

表4-6 各市场GARCH（1，1）模型参数估计表

样本序列	D1			D2		
	θ	ϑ	$\theta + \vartheta$	θ	ϑ	$\theta + \vartheta$
WTI	0.003	0.991	0.994	0.012	0.943	0.955
S&P500	0.006	0.954	0.960	0.031	0.846	0.877
HS300	0.014	0.873	0.887	0.005	0.924	0.929
TWDI	0.005	0.963	0.968	0.018	0.834	0.852
CFETS	0.007	0.982	0.989	0.026	0.953	0.979

样本序列	D3			D4		
	θ	ϑ	$\theta + \vartheta$	θ	ϑ	$\theta + \vartheta$
WTI	0.083	0.901	0.984	0.006	0.835	0.841
S&P500	0.005	0.856	0.861	0.016	0.952	0.968
HS300	0.104	0.859	0.963	0.072	0.894	0.966
TWDI	0.028	0.913	0.941	0.134	0.793	0.927
CFETS	0.008	0.950	0.958	0.003	0.965	0.968

由表4-6结果可知，所有尺度结果均为$\theta + \vartheta < 1$，满足条件，可对残差进行标准化处理后建立DCC-GARCH求得动态相关系数。DCC-GARCH模型结果详情见表4-7：

表4-7 各市场DCC-GARCH（1，1）模型参数估计表

参数	D1				D2			
	θ	ϑ	θ + ϑ	η	θ	ϑ	θ + ϑ	η
WTI和S&P500	0.014	0.852	0.866	0.003	0.023	0.894	0.917	−0.021
WTI和HS300	0.021	0.901	0.932	0.032	0.023	0.954	0.977	0.094
WTI和TWDI	0.108	0.884	0.992	0.006	0.141	0.845	0.986	0.083
WTI和CFETS	0.219	0.769	0.988	−0.014	0.035	0.961	0.996	−0.013

参数	D3				D4			
	θ	ϑ	θ + ϑ	η	θ	ϑ	θ + ϑ	η
WTI和S&P500	0.043	0.848	0.891	0.152	0.003	0.989	0.992	0.205
WTI和HS300	0.014	0.879	0.893	−0.145	0.021	0.965	0.986	0.093
WTI和TWDI	0.042	0.942	0.984	0.093	0.112	0.869	0.981	−0.103
WTI和CFETS	0.094	0.885	0.979	0.294	0.032	0.913	0.945	0.296

从表4-7可见，国际石油市场与中美股票市场、汇率市场间建立的非对称DCC-GARCH模型中参数均通过5%显著性水平检验。其中，估计系数 θ 与 ϑ 均具有统计显著性，$\theta > 0$ 意味着滞后一阶标准化残差的乘积对动态性相关系数具有影响；$\vartheta > 0$ 说明两两市场间的动态性相关系数会受到前期的影响；参数 $\theta + \vartheta < 1$ 且两者之和非常接近1，说明待估参数不仅通过模型检验，各时间尺度市场间也具有很强的动态相关性。此外，非对称项系数 η 通过了5%显著性水平检验，说明市场间的动态相关性普遍存在非对称性。

4.4 本章小结

本章重点研究了石油市场、股票市场和汇率市场间的动态条件相关性。首先基于MODWT方法对石油市场和股票市场的时间序列进行多时间尺度分解，接着构建基于小波变换的非对称DCC-GARCH模型，对石油市场与股票市场、汇率市场间的动态性进行实证研究。通过计算市场间的动态相关系数，发现在各个时间尺度下，石油市场与中

美股市普遍存在动态相关性，且长期尺度的相关性更强。汇率市场方面，中国汇率制度改革以来，石油市场与汇率市场的动态相关性逐渐增强，但其相关程度远不如美国汇率市场。此外，通过非对称性分析发现，石油市场与中美股票市场、汇率市场间的相关性存在显著的非对称性特征。

5　多时间尺度下能源金融市场的风险溢出效应分析

　　第4章中我们探索了能源金融市场与金融市场间的动态相关性,本章旨在研究风险传导的特征以及石油市场与股票市场、汇率市场之间的风险传导关系。

　　本章重点研究原油期货市场与股票市场、汇率市场在多个层面上的收益率和波动率的风险情况。两个市场之间的信息传递时变,有必要考虑不同时期溢出效应的时变。在前人研究的基础上,考虑到石油股票效应和石油汇率特征的动态特征,我们将本章研究的历史数据的整个时间段划分为若干子阶段,然后将基于小波的BEKK-GARCH模型应用于衡量原油市场和股票市场、汇率市场的波动溢出效应。基于小波变换的BEKK-GARCH估计采用两步法生成。首先,利用极大重叠离散小波变换(以下简称MODWT)对所研究石油价格和股市指数的时间序列进行时频域分解。其次,利用得到的不同尺度下的小波时间序列,对应建立不同交易周期下的BEKK-GARCH模型进行估计。

　　接下来首先构建MODWT-BEKK-GARCH模型,其次运用MODWT方法将石油价格和股票指数历史数据的时间序列分解成若干个子段,最后基于构建的MODWT-BEKK-GAECH模型对两个市场之间的溢出效应进行估计。

5.1 基于极大重叠离散小波变换的 BEKK-GARCH模型选择及构建

本章模型选择主要基于模型适用性和操作可行性这两点考虑，最终选用改进的 BEKK-GARCH模型来研究能源金融跨市场间的溢出效应。

5.1.1 模型选择

能源金融市场与其他市场间的风险溢出效应需要一种有效的工具来对市场间波动情况进行量化分析，尽量减少衡量风险的不准确性。在这方面，学者们一直在寻找能够捕捉与市场波动性相关的各种最佳的波动率模型。Engle（1982）首次对价格回报率的波动性进行了建模，其中使用自回归条件异方差模型（ARCH模型）预测英国通胀率的不确定性。Engle指出，大的变化往往伴随着两种迹象的显著变化，小的变化往往伴随着小的变化。这种现象被称为波动性聚类。其基于条件收益均值不变的假设，对聚类效果进行了度量。然而，ARCH模型无法捕捉到其他风格化的波动性特征。Bollerslev（1986）通过建立广义条件异方差模型（GARCH模型）来推广ARCH模型。该模型在消除了收益序列中的过度峰度的前提下，极大地扩展了ARCH模型的能力，但GARCH模型实际上是一个线性模型，不能解决金融时间序列的厚尾分布问题。Nelson（1991）提出的指数型GARCH（EGARCH）模型、Engle（1993）提出的二次型GARCH（QGARCH）模型以及Glosten、Jogannathan和Rankle（1993）提出的GJR模型等被称为非线性GARCH模型，它们解决了金融时间序列的偏态分布，这是金融时间序列非常普遍的特征。近几十年来，学者对不同金融市场存在的均值和波动溢出的建模越来越感兴趣。

1995年，Engle提出了一种多元GARCH模型，即BEKK-GARCH模型来研究市场间的风险溢出效应。BEKK-GARCH模型可以克服VECH模型和DVECH模型不能确保协方差矩阵H_t正定性的缺陷问题，对矩阵H_t正定性的要求较低，只需保证模型矩阵C和矩阵B中有一个为满秩矩阵即可。此外，BEKK-GARCH模型比VECH模型的待估参数明显要少很多，模型估计更为简便。BEKK-GARCH模型的一般形式如下：

$$H_t = C'C + A'u_{t-1}u'_{t-1}A + B'H_{t-1}B \tag{5-1}$$

在下面的二元BEKK-GARCH模型一般形式中，H_t 为 2×2 阶对称矩阵。此外，C为下三角矩阵；A为 2×2 阶系数矩阵，是ARCH项的系数；B为 2×2 阶系数矩阵，是GARCH项的系数，其具体展开形式为：

$$\begin{cases} h_{11,t} = \omega_{11}^2 + a_{11}^2\varepsilon_{1,t-1}^2 + 2a_{11}a_{21}\varepsilon_{1,t-1}\varepsilon_{2,t-1} + a_{21}^2\varepsilon_{2,t-1}^2 + b_{11}^2h_{11,t-1} + \\ \qquad 2b_{11}b_{21}h_{12,t-1} + b_{21}^2h_{22,t-1} \\ h_{12,t} = \omega_{11}\omega_{21} + a_{11}a_{12}\varepsilon_{1,t-1}^2 + (a_{21}a_{12} + a_{11}a_{22})\varepsilon_{1,t-1}\varepsilon_{2,t-1} + a_{21}a_{22}\varepsilon_{2,t-1}^2 + \\ \qquad b_{11}b_{21}h_{11,t-1} + (b_{21}b_{12} + b_{11}b_{22})h_{12,t-1} + b_{21}^2h_{22,t-1} \\ h_{22,t} = \omega_{21}^2 + \omega_{22}^2 + a_{12}^2\varepsilon_{1,t-1}^2 + 2a_{12}a_{22}\varepsilon_{1,t-1}\varepsilon_{2,t-1} + a_{22}^2\varepsilon_{2,t-1}^2 + b_{12}^2h_{11,t-1} + \\ \qquad 2b_{12}b_{22}h_{12,t-1} + b_{22}^2h_{22,t-1} \end{cases} \tag{5-2}$$

其中，$H_t = \begin{bmatrix} h_{11} & h_{12} \\ h_{21} & h_{22} \end{bmatrix}$，$C = \begin{bmatrix} c_{11} & 0 \\ c_{21} & c_{22} \end{bmatrix}$，$A = \begin{bmatrix} a_{11} & a_{12} \\ a_{21} & a_{22} \end{bmatrix}$，$B = \begin{bmatrix} b_{11} & b_{12} \\ b_{21} & b_{22} \end{bmatrix}$。

从方差方程来看，A矩阵可以衡量ARCH效应，解释为收益率时间序列前期随机扰动项的值对当期条件方差的影响；B矩阵可以衡量GARCH效应，解释为收益率时间序列前期预测条件方差的值对当期条件方差的影响。其中，参数 a_{11}，a_{22} 可以解释为单一市场前期时间序列随机扰动项对市场当期自身条件方差的影响；a_{12}，a_{21} 可以解释为前期某一市场随机扰动项对另一市场当期时间序列条件方差的影响，反映的是市场当期条件方差会受到其他市场前期序列随机扰动项的影响，即市场间相互影响下的均值溢出效应，效应程度可通过参数 a_{12}，a_{21} 的绝对值来体现。参数 b_{12}，b_{21} 可以解释为市场前期时间序列预测条件方差对市场当期时间序列自身条件方差的影响；b_{12}，b_{21} 可以解释为某一市场前期时间序列预测条件方差对另一市场当期时间序列条件方差的影响，反映的是市场当期条件方差会受到其他市场前期时间序列条件方差影响，即为市场间相互影响下的波动溢出效应，效应程度可通过 b_{12}，b_{21} 的绝对值体现。若假设模型中 $a_{12} = b_{12} = 0$，则第一个方差公式的具体形式为：

$$h_{11,t} = c_{11}^2 + a_{11}^2u_{t-1}^2 + b_{11}^2h_{11,t-1} \tag{5-3}$$

式（5-3）说明市场的条件方差只会受市场自身前期残差和前期波动的影响。

BEKK模型不仅可以保证矩阵 H_t 的正定性，而且其协方差矩阵的设定可以使待估参数的数量大为减少。因此，该模型可以很好地反映两个市场间的相互影响。Chuang等

（2007）和 Salisu 等（2013）使用 VAR-BEKK-GARCH 模型分析了波动溢出在多市场间的作用，认为该模型比传统的多元 GARCH 模型预测更准确；一些传统的 GARCH 模型仅限于模拟风险溢出的极端情况，如 GED-GARCH 模型；或者需要更多的参数进行估计，如 VECH-GARCH 模型。进一步的研究发现，支持证据表明 VAR-BEKK-GARCH 更有效率，因为它在分析几个市场之间的溢出效应时需要的参数更少（例如，Stelzer，2008；Schreiber 和 Müller，2012）。通过以上分析可以发现，BEKK-GARCH 模型能够克服不能保证矩阵正定性的缺点，且模型估计参数少，估计过程更便捷。此外，BEKK-GARCH 模型可以将能源金融市场风险的联动性、集聚性、持续性等特征全面考量在内。因此，本章出于模型操作可行性和适用性两个方面的综合考量，最终选择 BEKK-GARCH 模型对实证部分进行建模。然而，传统的 BEKK-GARCH 模型中没有考虑到非对称性特征，因此需要通过构建改进的 BEKK-GARCH 模型将非对称性特征也考虑在内。

5.1.2　模型构建

能源金融跨市场间的风险传导可能还会受到不同时域和频域的影响。在这种情况下，小波变换成为一种有用的分析工具。小波是一类特殊的函数，在时间域和频率域都是局部化的，用于将时间序列分解为包含与时间序列有关的各种信息的附加初等函数。在众多的统计信号提取和滤波方法中，除了去噪方法外，小波仅仅是一种工具。能够将宏观经济时间序列分解为其时间尺度的组成部分，是小波分析的一大优势。Haar（离散）、Symlet 和 Coiflet（对称）、Daiblet（非对称）等构成了可用小波滤波器的不同类别，它们的过滤器传递函数和过滤器长度在特性方面有所不同。本书的研究基于极大重叠离散小波变换（MODWT）工具，MODWT 是对离散小波变换（DWT）的一种改进。通过对用于计算 DWT 系数的金字塔算法的简单修改，得到了 MODWT，并将其视为 DWT 通用集。与 DWT 相比，MODWT 具有可以容纳任何样本大小的优势，此外，在时间序列的数据过滤起点方面，它是不敏感的。MODWT 滤波方法提供了对金融时间序列动态的深刻见解，而这些动态时间序列不只是通过现有方法所揭示的动态。MODWT 滤波器中具有许多特征，如非平稳性、多分辨率和近似去相关等。此外，MODWT 滤波器是研究过程多分辨率特性的直接工具，可以将一个金融时间序列分解为不同的时间尺度，能够揭示结构突变和波动性集群，并可以在此时间尺度上识别一个过程的局部和全局动态特性。MODWT方法可以方便地分解跨时间范围过程的相关结构。

以往文献通常研究的是整个市场样本期石油市场和股市、汇市之间的均值和波动溢出效应，这会掩盖市场中存在的随时间变化的动态信息。以 Khalfaoui（2015）的研究为例，他利用小波方法捕捉了时间序列的多尺度特征，但忽略了动态溢出效应随时间的变化。根据最近的研究，这些市场之间的信息传递不是恒定的，而且这种联系是动态变化的，有必要考虑不同时期溢出效应的动态变化。因此，在前人研究的基础上，为了考虑溢出效应的动态特征，我们以国际石油市场和中美股票市场、汇率市场为研究对象，将研究的整个时间段的实证数据分为几个子时期，然后应用基于小波变换的 BEKK-GARCH 模型研究国际石油市场和股票市场、汇率市场间的风险溢出效应。

首先，基于 MODWT 方法对石油市场和股票市场、汇率市场的时间序列进行多时间尺度分解；其次，基于二元改进的 BEKK-GARCH 模型来研究能源金融跨市场间的溢出效应。建立二元改进的 BEKK-GARCH 模型时，需对构建的均值方程残差项进行检验，以判断是否存在波动聚类性。若其检验存在 ARCH 效应，则可以构建非对称 MODWT-BEKK-GARCH 模型。本章建模的具体步骤如下：①利用 MODWT 方法将石油市场和股票市场、汇率市场的时间序列分解为更多不同的波动期。②对样本时间序列进行 ADF 平稳性检验，因为 VaR 模型在应用前必须保证所有样本序列都具有平稳性，所以需要先确认市场间时间序列具有平稳性后才可以构建 VaR 模型。③根据 FPE、AIC、SC、HQ 以及 LR 这五种准则得出最优滞后阶（k）来确定 VaR 的最优滞后阶数。④进行 ARCH 效应检验，即通过 ARCH-LM 检验来对 VaR 方程的残差序列进行 ARCH 效应检验，以判断残差序列是否具有 ARCH 效应，若存在 ARCH 效应，才可构建非对称 MODWT-BEKK-GARCH 模型。⑤对构建的非对称 MODWT-BEKK-GARCH 模型估计参数进行 Wald 检验，以判断溢出效应是否存在。具体过程如下：

非对称 BEKK-GARCH 模型基本原理以石油市场和股票市场为例，假设国际石油市场与股票市场间风险传导研究通过二元非对称 BEKK-GARCH 模型实现，其设定形式为：

$$R_t(i) = \mu_i(i) + \sum_{n=1}^{k} \phi_n R_{t-n}(i) + u_t(i), \ u_t(i) \sim N(0, \ h_t) \tag{5-4}$$

$$H_t(i) = C'C + A'u_{t-1}(i)u'_{t-1}(i)A + B'H_{t-1}(i)B + D'\varepsilon_{t-1}(i)\varepsilon'_{t-1}(i)D \tag{5-5}$$

其中，$H = \begin{bmatrix} h_{11}(i) & h_{12}(i) \\ h_{21}(i) & h_{22}(i) \end{bmatrix}$，$C = \begin{bmatrix} c_{11} & 0 \\ c_{21} & c_{22} \end{bmatrix}$，$A = \begin{bmatrix} a_{11} & a_{12} \\ a_{21} & a_{22} \end{bmatrix}$，$B = \begin{bmatrix} b_{11} & b_{12} \\ b_{21} & b_{22} \end{bmatrix}$和$D = \begin{bmatrix} d_{11} & d_{12} \\ d_{21} & d_{22} \end{bmatrix}$。

式（5-4）表示 VaR（k）形式的均值方程，k 为滞后阶数；$R_t(i)$是小波尺度 i 在 t 时刻的股票和石油的（2 × 1）向量；$\mu_t(i)$代表长期漂移系数，也是一个（2 × 1）向量；ϕ_n为 VaR 模型中（2 × 2）矩阵的估计系数矩阵；$u_t(i)$表示小波尺度 i 在 t 时刻市场受到冲击的随机误差向量。考虑到模型中的回归参数越多，越可能影响到回归的精确度，以往大量的学术研究证明 VaR 为滞后一阶时完全可以满足本书的研究需要，所以选取 k 为滞后一阶 VaR 作为收益率序列均值方程。（5-4）式的向量具体形式可以表示为：

$$R_t(i) = \begin{bmatrix} R_{s, t}(i) \\ R_{o, t}(i) \end{bmatrix} = \begin{bmatrix} \mu_s(i) \\ \mu_o(i) \end{bmatrix} + \begin{bmatrix} \phi_{11} & \phi_{12} \\ \phi_{21} & \phi_{22} \end{bmatrix} \begin{bmatrix} R_{s, t-1}(i) \\ R_{o, t-1}(i) \end{bmatrix} + \begin{bmatrix} u_{s, t}(i) \\ u_{o, t}(i) \end{bmatrix} \tag{5-6}$$

式（5-6）表示非对称 BEKK 模型的方差方程。$H_t(i)$是一个（2 × 2）的矩阵，表示时间尺度 i 在 t 时刻条件残差的方差-协方差矩阵；C 为常数系数，是一个下三角矩阵；A 是条件残差矩阵的系数，B 是条件协方差矩阵的系数，即 A、B 分别为 ARCH 项和 GARCH 项的（2 × 2）系数矩阵，矩阵 A 和矩阵 B 的非对角元素（a_{12}，a_{21}，b_{12}和b_{21}）可以反映石油和股票市场之间的波动传递和溢出；向量 $\varepsilon_t(i)$表示时间尺度 i 在 t 时刻以及石油市场在正、负向冲击下对股票市场波动产生的非对称性影响，其具体表达形式为：

$$\varepsilon_t(i) = [\varepsilon_{1t}, \varepsilon_{2t}]', \quad \varepsilon_{nt}(i) = \max\{u_{nt}, 0\}, \quad i = 1, 2 \tag{5-7}$$

为了能够更好地研究石油与股票市场、汇率市场间的波动溢出效应，首先要确定模型 BEKK-GARCH（p，q）的条件方差方程，因此需确定参数 p 和 q 在模型中的取值。p 或 q 的取值和构建模型所需计算的复杂度为正向关系，即随着 p 或 q 取值的增加，会使 BEKK-GARCH（p，q）模型所需计算的复杂程度大大增加且并不会为 BEKK-GARCH（p，q）模型的检测效果带来大幅提升。此外，Pan（2010）等学者通过实证研究发现，选用滞后一阶的 BEKK-GARCH（1，1）模型来检测市场间的溢出效应时，可以取得较为不错的效果。本章以石油市场和股票市场的风险传导研究为例进行建模，选择以 BEKK-GARCH（1，1）为基础构建石油-股票市场间的波动溢出效应检测模型。

方差方程（5-5）向量具体形式表示为：

$$
\begin{bmatrix} H_{11,t}(i) & H_{12,t}(i) \\ H_{21,t}(i) & H_{22,t}(i) \end{bmatrix} = \begin{bmatrix} c_{11} & c_{12} \\ 0 & c_{22} \end{bmatrix}' \begin{bmatrix} c_{11} & c_{12} \\ 0 & c_{22} \end{bmatrix} + \begin{bmatrix} a_{11} & a_{12} \\ a_{21} & a_{22} \end{bmatrix} \begin{bmatrix} u_{1,t}(i) \\ u_{2,t}(i) \end{bmatrix} \begin{bmatrix} u_{1,t}(i) \\ u_{2,t}(i) \end{bmatrix}' \begin{bmatrix} a_{11} & a_{12} \\ a_{21} & a_{22} \end{bmatrix} +
$$

$$
\begin{bmatrix} b_{11} & b_{12} \\ b_{21} & b_{22} \end{bmatrix}' \begin{bmatrix} h_{11,t-1}(i) & h_{12,t-1}(i) \\ h_{21,t-1}(i) & h_{22,t-1}(i) \end{bmatrix} \begin{bmatrix} b_{11} & b_{12} \\ b_{21} & b_{22} \end{bmatrix} + \tag{5-8}
$$

$$
\begin{bmatrix} d_{11} & d_{12} \\ d_{21} & d_{22} \end{bmatrix}' \begin{bmatrix} \varepsilon_{1,t-1}(i) \\ \varepsilon_{2,t-1}(i) \end{bmatrix} \begin{bmatrix} \varepsilon_{1,t-1}(i) \\ \varepsilon_{2,t-1}(i) \end{bmatrix}' \begin{bmatrix} d_{11} & d_{12} \\ d_{21} & d_{22} \end{bmatrix}
$$

因此，本章石油市场和股票市场的条件方差方程展开形式表示为：

$$
H_t(i) = \begin{bmatrix} h_{s,t}(i) & h_{so,t}(i) \\ h_{os,t}(i) & h_{o,t}(i) \end{bmatrix} \tag{5-9}
$$

$$
\begin{aligned}
h_{s,t}(i) = & c_{11}^2 + a_{11}^2 u_{s,t-1}^2(i) + 2a_{11}a_{21}u_{s,t-1}(i)u_{o,t-1}(i) + a_{21}^2 u_{o,t-1}^2(i) + b_{11}^2 h_{s,t-1}(i) + \\
& 2b_{11}b_{21}h_{so,t-1}(i) + b_{21}^2 h_{o,t-1}(i) + d_{11}^2 \varepsilon_{s,t-1}^2 + 2d_{11}d_{21}\varepsilon_{s,t-1}(i)\varepsilon_{o,t-1}(i) + d_{21}^2 \varepsilon_{o,t-1}^2(i)
\end{aligned} \tag{5-10}
$$

$$
\begin{aligned}
h_{o,t}(i) = & c_{21}^2 + c_{22}^2 + a_{12}^2 u_{s,t-1}^2(i) + 2a_{12}a_{22}u_{s,t-1}(i)u_{o,t-1}(i) + a_{22}^2 u_{o,t-1}^2(i) + b_{12}^2 h_{s,t-1}(i) + \\
& 2b_{12}b_{22}h_{so,t-1}(i) + b_{22}^2 h_{o,t-1}(i) + d_{12}^2 \varepsilon_{s,t-1}^2(i) + 2d_{12}d_{22}\varepsilon_{s,t-1}(i)\varepsilon_{o,t-1}(i) + d_{22}^2 \varepsilon_{o,t-1}^2(i)
\end{aligned} \tag{5-11}
$$

$$
\begin{aligned}
h_{so,t}(i) = h_{os,t}(i) = & c_{11}c_{21} + a_{11}a_{12}u_{s,t-1}^2(i) + (a_{21}a_{12} + a_{11}a_{22})u_{s,t-1}(i)u_{o,t-1}(i) + \\
& a_{21}a_{22}u_{o,t-1}^2(i) + b_{11}b_{12}h_{s,t-1}(i) + (b_{21}b_{12} + b_{11}b_{22})h_{so,t-1}(i) + b_{21}b_{22}h_{o,t-1}(i) + \\
& d_{11}d_{12}\varepsilon_{s,t-1}^2(i) + (d_{21}d_{12} + d_{11}d_{22})u_{s,t-1}(i)u_{o,t-1}(i) + d_{21}d_{22}u_{o,t-1}^2(i)
\end{aligned} \tag{5-12}
$$

方程式（5-10）至方程式（5-12）揭示了冲击和波动是如何在小波尺度上通过市场进行传播的。假定条件残差向量 u_t 服从二元条件正态分布，当样本长度为 T 时，待估参数向量 Θ 对应的对数似然函数为：

$$
L(\Theta) = -T\log(2\pi) - 0.5\sum_{t=1}^{T}\log|H_t| - 0.5\sum_{t=1}^{T}u_t H_t^{-1} u_t \tag{5-13}
$$

对上式所表达的对数似然函数，我们采用最大似然法（MLE）进行估计。该模型采用 BHHH 算法优化的最大似然估计方法进行估计，得到具有相应标准误差的方差-协方差矩阵的最终估计。

接下来，通过构建的非对称 MODWT-BEKK-GARCH 模型来对两个市场间的溢出效应进行检验，模型中表示石油（股票）市场的波动 $h_{o,t}(h_{s,t})$ 受两方面影响：一方面来自其自身前期的影响，包括波动 $h_{o,t-1}(h_{s,t-1})$、残差 $u_{o,t-1}(u_{s,t-1})$ 以及非对称影响 $\varepsilon_{o,t-1}(\varepsilon_{s,t-1})$；另一方面来自股票（石油）市场前期的影响及两市场间的协方差，包括波动 $h_{s,t-1}(h_{o,t-1})$、协方差 $h_{os,t-1}(h_{so,t-1})$、残差 $u_{s,t-1}(u_{o,t-1})$ 及非对称项 $\varepsilon_{s,t-1}(\varepsilon_{o,t-1})$。

石油市场与股票市场对收益率的波动影响采用Wald检验，主要形式如下：

假设1：股票市场与石油市场之间不存在相互的溢出效应。形式为：

$$a_{12} = b_{12} = d_{12} = a_{21} = b_{21} = d_{21} = 0 \tag{5-14}$$

假设2：不存在股票市场向石油市场的溢出效应。

即石油市场的波动仅受自身波动的影响，而不会受到股票市场的波动影响。形式为：

$$a_{21} = b_{21} = d_{21} = 0 \tag{5-15}$$

假设3：不存在石油市场向股票市场的溢出效应。

即股票市场的波动仅受自身波动的影响，而不会受到石油市场的波动影响。形式为：

$$a_{12} = b_{12} = d_{12} = 0 \tag{5-16}$$

对市场间的溢出效应是否具有明显的非对称性，可以通过检验矩阵方程中参数d的显著性判断。因此，同理对市场间溢出效应的非对称性检验假设如下：

假设4：股票市场与石油市场之间不存在相互的非对称影响。形式为：

$$d_{12} = d_{21} = 0 \tag{5-17}$$

假设5：不存在股票市场向石油市场的非对称性影响。形式为：

$$d_{21} = 0 \tag{5-18}$$

假设6：不存在石油市场向股票市场的非对称影响。形式为：

$$d_{12} = 0 \tag{5-19}$$

5.2 能源金融市场与股票市场、汇率市场间的风险溢出效应实证研究

本节基于MODWT方法对石油市场与股票市场、汇率市场的时间序列进行多时间尺度分解，再通过非对称VAR-BEKK-GARCH（1，1）模型，研究原油市场（WTI）和中美股票市场（S&P500，HS300）、汇率市场（TWDI，CFETS）在不同时间范围内的均值和波动性溢出效应的演变。

5.2.1 能源金融市场与股票市场间的风险溢出效应分析

与第4章使用的小波变换方法一样，本章应用MODWT分析方法研究了国际石油市场与股票市场、汇率市场之间复杂的多尺度波动传递。原始数据 s（t）被分解成5个子序列（D1、D2、D3、D4和R4），不同的分解水平对应的时间尺度为D1（2~4天）、D2（4~8天）、D3（8~16天）和D4（16~32天）。第4章已经使用MODWT对样本进行了多时间尺度分解。参照图4-1至图4-6的分解结果，基于不同时间尺度，我们结合BEKK-GARCH模型来进一步考察石油市场与中美股票市场、汇率市场间的波动溢出效应。

WTI原油与中美股市的价格波动图分别如图5-1和图5-2所示。

图5-1 WTI原油与S&P500市场价格指数波动图

通过图5-1和图5-2可以看出，在样本期间，石油市场出现了各种具有代表性的市场行情，即高油价、大幅度波动和低油价等极端情况。HS300指数最为剧烈的波动情况主要集中发生在两个区间：一是2006年11月至2008年9月前后，在此期间，中国股票市场最高点受到全球金融危机和人民币汇率改革等因素的影响，经历了从2006年年末的低点升温直至历史最高点后又快速回落的状态。二是2015年4月至2015年11月期间，市场持续加杠杆大量资金涌入中国股市，以及市场面的各种利好消息导

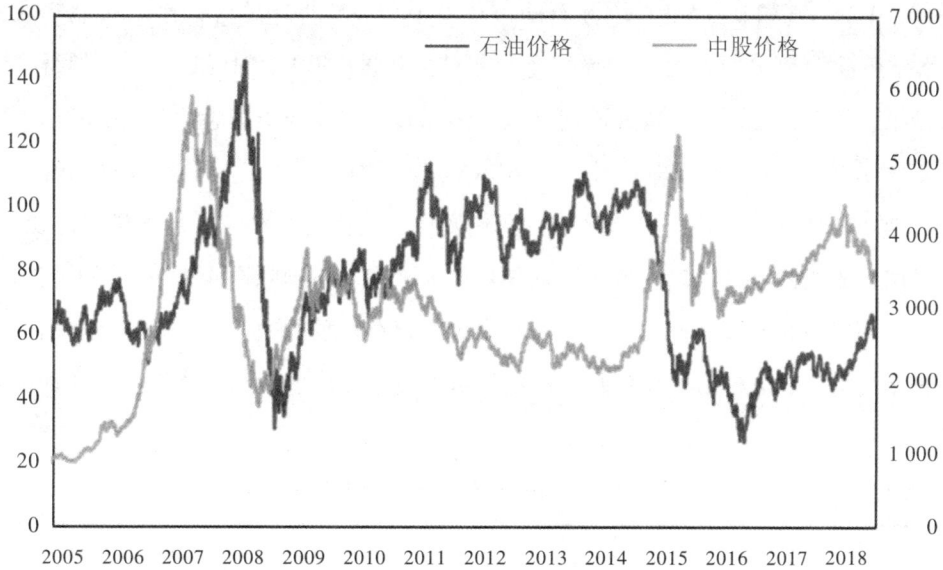

图5-2　WTI原油与HS300市场价格指数波动图

致的投资者从众心理，中国股票市场突破了阶段性的历史最高点，随后经历了断崖式的下跌。S&P500指数高频波动情况主要集中发生在三个区间：第一个是2007年10月至2009年5月期间，由于美国次贷危机引发全球性金融危机，美股股市一度跌至历史最低点。第二个是2011年4月至2012年1月期间，美国股市受欧债危机的影响曾再度出现大跌。第三个是2015年5月至2016年6月期间，美国股市受到2015年中国股市暴跌和2016年英国"脱欧"事件的冲击引起全球股市联动下跌的持续影响，一度震荡大跌。

本章基于非对称BEKK-GARCH（1，1）模型研究石油市场和两个股票市场之间的溢出效应。BEKK-GARCH（1，1）模型在各个时间尺度上的估计结果见表5-1至表5-4。

表5-1显示了基于D1尺度的估计结果，D1表示在2~4天时间尺度上产生的冲击引起的短期（高频信号，即日波动）波动溢出效应。同样，表5-2和表5-3给出了基于D2和D3这两个小波尺度的估计结果，这两个小波分量分别代表4~8天和8~16天时间尺度上的中期（每周到半月波动）波动溢出效应。此外，基于D4小波尺度的估计结果显示在表5-4中，D4表示16~32天时间尺度上的长期（月波动）波动溢出效应。

　　D1、D2、D3和D4尺度将国际石油市场与中美股票市场的时间序列收益率数据进行小波多时间尺度分解，再分别通过多元非对称BEKK-GARCH（1，1）模型得到参数估计结果，可以体现不同频域和不同时域下国际石油市场与中美股票市场的溢出效应关系。表5-1至表5-4报告了基于小波的BEKK-GARCH（1，1）模型对WTI油价和中美两种股票指数的估计结果。具体来说，我们发现，均值溢出和波动溢出是动态变化的，并且溢出在不同的小波尺度上分布不均匀。与中国股市与国际石油市场之间的溢出效应相比，美国股市和国际石油市场之间的溢出效应存在显著的演化过程，并随时间由短期向长期演变。表5-5总结了WTI原油市场与中美股票市场之间的均值溢出和波动性溢出效应关系。

表5-1　　　　　　　　D1尺度下BEKK-GARCH模型股票市场的估计结果

类型	参数	S&P500指标（美）			HS300指标（中）		
		危机前	危机期间	危机后	危机前	危机期间	危机后
基于均值方程的估计结果	μ_s	−0.0015	0.0028	−0.0073	0.0064	−0.0081	0.0018
	μ_o	−0.0274	0.0628	−0.0320	−0.0184	0.0095	−0.0113
	ϕ_{11}	−0.4823***	−0.4219***	−0.4228***	−0.5143***	−0.5914***	−0.6192***
	ϕ_{12}	−0.1176	0.7784***	0.9592***	−0.2482	−0.1293***	0.2532***
	ϕ_{21}	−0.0131***	0.0107***	−0.0008	−0.0013	0.0125**	−0.0061**
	ϕ_{22}	−0.5376***	−0.4288***	−0.3762***	−0.5317***	−0.5708***	−0.5103***
基于条件方程-协方差的估计结果	c_{11}	0.1829***	0.1507***	0.2183***	0.1901***	−0.1327**	0.2356***
	c_{21}	−0.3483	0.5683***	−1.9298***	−0.1383	1.9626	0.1338
	c_{22}	0.9481***	0.0028	−0.0004	0.5729***	1.2103**	1.8210***
	a_{11}	0.5399***	0.3803***	0.5582***	0.5193***	0.5301***	0.5266***
	a_{12}	0.5102*	0.7823***	0.4094	0.3884	−2.1363***	1.4839***
	a_{21}	−0.0938	0.01093	0.0423	−0.0029	0.0326***	−0.0201***
	a_{22}	0.4552***	0.3530***	0.5772***	0.4683***	0.4736***	0.6802***

类型	参数	S&P500指标（美）			HS300指标（中）		
		危机前	危机期间	危机后	危机前	危机期间	危机后
基于条件方程-协方差的估计结果	b_{11}	0.7289***	0.8803***	−0.6784***	0.7582***	0.5603***	0.6531***
	b_{12}	0.8543	−0.0874***	0.1281***	−0.1090	−0.0928***	0.1219***
	b_{21}	−0.8153	−0.8309	0.6957	0.3877	0.0872***	−0.1387***
	b_{22}	0.7764***	−0.9103***	0.7435***	0.8875***	0.7103***	0.6228***
	d_{11}	−0.4829***	−0.2348***	−0.2384***	−0.5822***	−0.2394***	−0.2339***
	d_{12}	−0.5293***	−0.3394*	0.2304***	−0.1092***	−0.2492***	0.0351***
	d_{21}	−0.6309**	−0.5092***	−0.5843***	−0.2912***	−0.1294	−0.0993**
	d_{22}	−0.2394**	−0.6394***	−0.4933***	−0.2394***	0.1123***	−0.3942

注：*表示指标在10%显著性水平显著，**表示指标在5%显著性水平显著，***表示指标在1%显著性水平显著。

表5-2　　　　　　　D2尺度下BEKK-GARCH模型股票市场的估计结果

类型	参数	S&P500指标（美）			HS300指标（中）		
		危机前	危机期间	危机后	危机前	危机期间	危机后
基于均值方程的估计结果	μ_0	−0.0172	0.0128	−0.0047	−0.0049	−0.0103**	0.0054***
	μ_0	−0.0394	0.0518	−0.0128	−0.0182	−0.2934	−0.2329
	ϕ_{11}	0.2776***	0.3528***	0.3710***	0.3102***	0.2447**	0.3011**
	ϕ_{12}	0.3241**	0.6503***	0.5421***	−0.1946	3.8124	0.2904***
	ϕ_{21}	−0.0119*	−0.0284***	−0.0242***	0.0132**	−0.0035	−0.0147***
	ϕ_{22}	0.2309***	0.1761	0.2127***	0.2723***	0.3583**	0.2123**
基于条件方程-协方差的估计结果	c_{11}	0.1317***	0.0842***	0.1553***	0.1302***	0.2219**	0.0887**
	c_{21}	−0.2834	0.5422	−0.2985	−0.2019*	0.9482	−0.8274

类型	参数	S&P500指标（美）			HS300指标（中）		
		危机前	危机期间	危机后	危机前	危机期间	危机后
基于条件方程-协方差的估计结果	c_{22}	0.8492***	−0.8340***	1.5347***	0.8873***	3.0892	1.7493
	a_{11}	0.7345***	0.5652***	0.6883***	0.8573***	0.8985**	0.6447**
	a_{12}	−0.4201*	−1.5439***	−0.6148***	0.7382	0.1093	−2.4938
	a_{21}	0.0115*	0.0316***	0.0153***	−0.0142**	0.0039***	0.0074***
	a_{22}	0.7420***	0.7592***	0.7883***	0.8768***	0.6439**	0.7104**
	b_{11}	0.7154***	0.8368***	0.7724***	0.6621***	0.6904**	0.7095**
	b_{12}	−0.0143**	−0.1410***	−0.1173***	0.0109***	0.0025	−0.0593***
	b_{21}	0.4495***	0.4288***	0.5476***	−0.1991	−0.1338***	0.1582***
	b_{22}	0.6873***	0.5429***	0.6624***	0.7301***	0.7724**	0.6581**
	d_{11}	−0.2309***	−0.4627***	−0.3374***	−0.1927**	−0.2837***	−0.2835***
	d_{12}	−0.2012***	−0.3293***	−0.1992***	−0.0912**	−0.1923***	−0.2921***
	d_{21}	−0.5912***	−0.5921***	−0.8855**	−0.2394	−0.0913	−0.2393**
	d_{22}	−0.2394**	−0.0932***	−0.2991	−0.1923***	−0.5723	−0.2394***

注：*表示指标在10%显著性水平显著，**表示指标在5%显著性水平显著，***表示指标在1%显著性水平显著。

表5-3　　　　　　　　D3尺度下BEKK-GARCH模型股票市场的估计结果

类型	参数	S&P500指标（美）			HS300指标（中）		
		危机前	危机期间	危机后	危机前	危机期间	危机后
基于均值方程的估计结果	μ_s	0.0103*	0.0261	−0.0128	−0.0132***	0.0247**	−0.0135***
	μ_o	−0.0463	0.0692	0.0644	0.0291*	0.2168	0.1528
	ϕ_{11}	0.8942***	0.7831***	0.9175***	0.8763***	0.9128**	0.9374**

续表

类型	参数	S&P500指标（美）			HS300指标（中）		
		危机前	危机期间	危机后	危机前	危机期间	危机后
基于均值方程的估计结果	ϕ_{12}	0.3387***	0.1145**	0.0983	−0.0451**	0.0682***	0.05142***
	ϕ_{21}	0.0054*	−0.0131	−0.0283	−0.0153***	−0.0109***	−0.0472***
	ϕ_{22}	0.9288***	0.8381***	0.9104***	0.8863**	0.9217**	0.9256***
基于条件方程-协方差的估计结果	c_{11}	0.0442***	0.1528***	0.0834***	0.0582***	0.1425**	0.0827***
	c_{21}	0.2198	0.3184***	0.8747	−0.2592*	0.9046	0.1893
	c_{22}	0.5583***	0.5372***	−0.6179***	−0.5029*	2.7582	1.2918
	a_{11}	1.1284***	0.9459***	1.0948***	1.1894**	1.0975**	1.1784**
	a_{12}	−0.3258**	−0.2632***	0.1439	0.3477	−0.2012	−0.5093
	a_{21}	0.0109	−0.0153	0.0073	0.0240***	0.0042***	0.0174***
	a_{22}	1.0945***	1.1285***	1.2195***	1.1756**	1.1096**	1.0983**
	b_{11}	0.4745***	−0.3592***	0.4284***	0.4462**	0.4783**	0.4723**
	b_{12}	−0.0183**	0.0577***	0.0059	0.0042***	−0.5648	0.0047***
	b_{21}	−0.0648	0.7476***	−0.0319	0.1472	0.0183***	−0.0730***
	b_{22}	0.4618***	0.4293***	0.4547***	0.4908**	0.4519**	0.4631**
	d_{11}	−0.2301**	−0.2394***	−0.2910**	−0.1922***	−0.1094	−0.2942***
	d_{12}	−0.4092***	−0.2312***	−0.0093	−0.2309*	−0.0922***	−0.2304
	d_{21}	−0.7532**	−0.3873*	−0.6194***	−0.2831***	−0.1873***	−0.3711**
	d_{22}	−0.092***	−0.0293	−0.3942**	−0.0942***	0.2932*	−0.2392*

注：*表示指标在10%显著性水平显著，**表示指标在5%显著性水平显著，***表示指标在1%显著性水平显著。

表5-4 　　　　　　　　　D4尺度下BEKK–GARCH模型股票市场的估计结果

类型	参数	S&P500指标（美）			HS300指标（中）		
		危机前	危机期间	危机后	危机前	危机期间	危机后
基于均值方程的估计结果	μ_s	-0.0134^{**}	0.0351	-0.0295^{**}	0.0094^{***}	-0.0163^{***}	-0.0308^{***}
	μ_o	0.1853	-0.1394	-0.1668^{***}	0.2309^{*}	-0.7538	0.3389^{*}
	ϕ_{11}	0.9618^{***}	0.9462^{***}	0.9573^{***}	0.9489^{***}	0.9518^{***}	0.9748^{***}
	ϕ_{12}	0.1327^{***}	0.0571^{*}	-0.0184	-0.1730^{**}	0.0325	0.1381^{**}
	ϕ_{21}	0.0103^{***}	-0.0031^{***}	-0.0549	-0.0073	0.0037^{***}	-0.0082^{***}
	ϕ_{22}	0.9176^{***}	0.9284^{***}	0.9590^{***}	0.9984^{***}	0.9098^{***}	0.9428^{***}
基于条件方程-协方差的估计结果	c_{11}	-0.0218^{***}	0.0429^{***}	0.0201^{***}	0.0430^{***}	-0.0194	0.0505^{***}
	c_{21}	-0.0274^{**}	-0.0011	-0.5921	0.1582	-0.3482	-0.1591^{*}
	c_{22}	0.0824^{***}	-0.1839^{***}	0.3094^{***}	0.3619^{*}	-0.4728^{*}	-0.3987^{*}
	a_{11}	1.0574^{***}	1.0726^{***}	1.0748^{***}	0.9185^{**}	1.0873^{**}	1.0350^{**}
	a_{12}	-0.1015^{***}	-0.0829	-0.0135	0.0482	0.1388	-0.8394
	a_{21}	-0.0173^{***}	0.0921^{**}	-0.0184	0.0304^{***}	0.0039^{***}	0.0014^{***}
	a_{22}	1.0155^{***}	1.0249^{***}	1.0782^{***}	0.9158^{**}	1.0473^{**}	1.0629^{**}
	b_{11}	-0.5920^{***}	0.5637^{***}	-0.5418^{***}	0.4673^{**}	0.5629^{**}	0.5473^{**}
	b_{12}	0.0131^{***}	0.1942	-0.0042	0.1096^{***}	-0.0428^{**}	0.0358^{***}
	b_{21}	0.3925	0.0352	-0.0877	-0.0397^{***}	-0.0953^{*}	-0.0371
	b_{22}	-0.5902^{***}	0.5690^{***}	-0.5147^{***}	-0.5284^{**}	0.5815^{**}	0.5721^{**}
	d_{11}	-0.2394^{***}	-0.2941^{***}	-0.3928^{***}	-0.2304^{***}	-0.4827^{***}	-0.2314^{***}
	d_{12}	-0.2042^{**}	-0.0923^{***}	-0.3825^{***}	-0.0929	-0.0143^{***}	-0.1039^{***}
	d_{21}	-0.2021^{***}	-0.6393^{**}	-0.4304^{***}	-0.0093^{**}	-0.0049	-0.0092^{***}
	d_{22}	-0.2130^{***}	-0.2304^{***}	-0.2083^{***}	-0.2392^{***}	-0.0193^{**}	0.2322^{***}

注：*表示指标在10%显著性水平显著，**表示指标在5%显著性水平显著，***表示指标在1%显著性水平显著。

表5-5　　　　　　基于BEKK-GARCH模型的不同时间尺度下石油和
股票市场风险均值溢出和波动溢出关系

类型	小波尺度	S&P500指标（美）			HS300指标（中）		
		危机前	危机期间	危机后	危机前	危机期间	危机后
均值溢出	D1	WTI → Stock	WTI ↔ Stock	WTI ← Stock	无	WTI ↔ Stock	WTI ↔ Stock
	D2	WTI ↔ Stock	WTI ↔ Stock	WTI ↔ Stock	WTI → Stock	无	WTI ↔ Stock
	D3	WTI ↔ Stock	WTI ← Stock	无	WTI ↔ Stock	WTI ↔ Stock	WTI ↔ Stock
	D4	WTI → Stock	WTI ← Stock	无	WTI ↔ Stock	WTI ↔ Stock	WTI ↔ Stock
波动溢出	D1	无	WTI ← Stock	WTI ← Stock	无	WTI ↔ Stock	WTI ↔ Stock
	D2	WTI → Stock	WTI ← Stock	WTI → Stock	WTI → Stock	WTI ↔ Stock	WTI ↔ Stock
	D3	WTI ← Stock	WTI ← Stock	无	WTI → Stock	WTI ↔ Stock	WTI ↔ Stock
	D4	WTI ← Stock	无	无	WTI ← Stock	WTI ↔ Stock	WTI ← Stock

注：WTI → Stock表示石油市场向股票市场的溢出效应；WTI ↔ Stock表示石油市场与股票市场间的相互溢出效应；WTI ← Stock表示股票市场向石油市场的溢出效应。

从表5-1到表5-4可以看出，WTI原油市场与中美股票市场（S&P500和SH300）间的非对称BEKK-GARCH模型绝大多数参数通过了5%显著性水平检验。均值溢出效应方程中，μ_s和μ_o分别表示股票市场（S&P500和SH300）和WTI原油市场收益率序列均值方程的常数项；估计系数ϕ_{11}表示WTI原油市场本期收益率会受到WTI原油市场自身身上一期收益率的影响；估计系数ϕ_{12}表示WTI原油市场本期收益率会受到股票市场（S&P500和SH300）上一期收益率的影响。WTI原油市场与股票市场（S&P500和SH300）的方差方程中估计系数a_{11}和a_{22}分别表示石油市场和股票市场本期收益率的波动会受到其上一期的残差的影响程度；估计系数b_{11}和b_{22}分别表示石油市场和股票市场本期收益率的波动会受到上一期的条件方差的影响程度。此外，参数d_{11}和d_{22}显著，则表示石油市场与股票市场收益率的波动受自身上期波动的影响是非对称的，即它们自身收益率本期的波动性因上一期波动的正负性而存在不一致现象。d_{11}和d_{22}均为正数，表明石油市场与股票市场上一期收益的正向冲击会加大本期收益的波动性，即市场的波动存在负向非对称性。下面分析非对称BEKK-GARCH模型交叉项系数的经济意义。参数通过d_{12}显著性检验，表明股市向石油市场的波动的传染是非对称的；参数d_{21}显著，表示石油市场向股市的波动的传染是非对称的。从表 5-1 至表 5-3 可以看出，在 95% 的置信水平下，石油市场与股票市场之间存在相互的非对称的波动溢出效应，既存在石油市场收益的波动向股票市场收益波动的传染，也存在股票市场收益的波动向石油市场收益的波动的传染，这种现象称为两市场间收益波动的双向传染，且传染具有非对称性。交叉的非对称参数 d_{12}、d_{21} 均小于 0，即两市场的波动溢出非对称性均为正向的，其经济意义为来自石油市场收益率的上一期的负向消息会加剧本期股票市场收益率的波动；反之股票市场收益率波动的负向消息也会加剧石油市场本期收益率的波动，下面根据表 5-1 到表 5-4 的结果来分析 WTI 原油市场与股票市场（S&P500 和 SH300）的经济意义。

首先，考虑均值部分的风险传导。WTI 原油市场和两个股票市场（S&P500 和 SH300）之间的均值溢出程度由估计系数 ϕ_{12} 和 ϕ_{21} 的显著性给出。从表 5-1 至表 5-4 可以看出，在不同的小波尺度上，WTI 原油市场与两个股票市场在不同的时期存在单向、双向或无均值溢出，即价格均值溢出效应随小波尺度和时间周期的变化而变化。例如，在第 1 阶段（即危机前期）我们注意到，WTI 原油指数收益率与 S&P500 指数收益率之间的溢出效应揭示了 WTI 原油市场与美国股市在除短期尺度 D1 外的所有小波尺度上的双向联系。只有单向均值溢出（从 WTI 原油市场到美国股市）存在于尺度 D1。在第 2 阶段（即危机中期），单向联动在 D1 尺度上变为双向，而双向联动在 D3 尺度上变为单向（从美国股市到 WTI 原油市场）。在第 3 阶段（即危机后期），长期尺度在 D3 和 D4 上两个市场均没有联系。D1 尺度的双向联动变得单向（从美国股市到 WTI 原油市场）。与美国股票市场之间的联动类似，WTI 油价与中国股票市场指数之间的溢出效应是时变的，并且在观测到的子周期内，溢出关系越来越密切。

其次，考虑波动部分的风险传导。矩阵 A 和矩阵 B（A_{12}、A_{21}、B_{12} 和 B_{21}）的非对角元素可以捕获市场之间的波动性溢出。与均值溢出相似，WTI 原油市场和两个股票市场之间的波动性溢出程度也随小波尺度和时间周期的不同而变化。有时我们看到单向或双向波动联系，有时我们看到在研究中的市场之间没有波动联系。例如，在第 1 阶段，从 WTI 原油市场到美国股市的波动性溢出仅在 D2 尺度上显著，而从美国股市到 WTI 原油市场的波动性溢出在 D2、D3 和 D4 尺度上均显著，但幅度要小得多。在第 2 阶段，D2 和 D3 尺度上存在双向传导，在 D1 尺度上存在从美国股票市场到 WTI 原油市场的单向传导。从长期尺度来看，D4 尺度上研究的两个市场之间没有联系。比较第 2 和第 3 阶段的波动性溢出，我们发现双向波动性溢出在中期尺度 D3 上消失。与 WTI 原油市场与美国股市的波动溢出关系相比，第1阶段除了 D1 小波尺度外，WTI 与中国股市普遍存在双向或单向波动溢出效应。

最后，WTI 原油市场与股票市场（S&P500 和 SH300）的非对称性系数 d_{11} 和 d_{22} 普遍为负数，说明市场自身上一期收益率波动的负向冲击会加剧本期的风险波动溢出情况，且美国股票市场受上一期自身波动冲击的影响程度要大于中国股票市场，两个市场的长期尺度下的非对称波动效应均十分显著。此外，石油市场对美国股票市场的非对称冲击效果要大于美国股票市场对石油市场的非对称性冲击，而中国股票市场对石油市场的非对称性冲击则相对较低。由上述结果可知，原油市场与股票市场的风险传导存在正向非对称性，即负向收益率（坏消息）冲击比正向收益率（好消息）冲击对后期市场波动的影响更大。由此，可以推断在多时间尺度下市场间的波动溢出效应存在显著的正向非对称性，且在各尺度下的非对称性也不相同。

表5-5给出了 WTI 原油市场与两个股指在小波尺度和金融危机期时间段内的动态溢出效应关系。从表5-5可以看出，WTI 油价和 HS300 股指之间的溢出效应在每一个小波尺度上都在随时间变化。然而，在 WTI 原油市场和中国股市之间存在着显著的演化关系，在所有小波尺度上，这种关系都越来越紧密。但就美国股市与 WTI 原油市场的联动而言，存在着从短期到长期的重大演变。WTI 原油市场与美国股市在危机前期和危机中期之间存在很强的关联性，并且在所有小波尺度上两个市场之间都存在显著的双向或单向传输。然而，在第3阶段，这种联系在 D3 和 D4 的长期尺度上消失了。波动部分的溢出效应与均值部分的溢出效应呈现相似的规律，即研究中两个市场之间的联系在长期尺度上逐渐消失。这一结果表明，现阶段原油市场与美国股市之间的信息传递逐渐减弱，相互影响主要存在于短期尺度上。

总体而言，以上结果表明随着市场的发展，市场之间的溢出效应可能会发生逆转或消失。这种动态的溢出效应给投资者和决策者一个启示，即股票市场和原油市场之间的相互作用是可以随时间变化的。投资者必须根据市场间关系的变化及时做出调整。本章观察到 WTI 原油市场和中美股票市场间的均值和波动性溢出效应随小波尺度和时间周期的不同而变化。石油市场与美国股市场方面，在第1阶段，波动溢出效应存在于 D2、D3 和 D4 小波尺度，在第3阶段，波动溢出向 D1 和 D2 小波尺度转移，这意味着美国股市发生了重大变化，存在从长期到短期的溢出效应演变。长期来看，石油市场与美国股市之间的互动正在消失。石油市场和美国股市的投资者可以比以往更多地关注短期波动较少关注彼此的长期趋势。石油市场与中国股市场方面，在第1阶段和第2阶段，普遍存在石油市场向中国股票市场的单向传导，而中国股票市场对石油市场的风险传导效应几乎没有。在危机后期，市场间存在着较弱的双向溢出效应，且在危机后期的短期尺度下的传导程度要普遍大于长期尺度。此外，在多时间尺度下市场间的波动溢出效应存在显著的正向非对称性，且在各尺度下的非对称性不相同。美国股票市场受上一期自身波动冲击的影响程度要大于中国股票市场，两个市场的长期尺度下的非对称波动效应均十分显著。石油市场对美国股票市场的非对称冲击效果要大于美国股票市场对石油市场的非对称性冲击效果，而中国股票市场对石油市场的非对称性冲击则相对较低。

5.2.2　能源金融市场与汇率市场间的风险溢出效应分析

第4章已经对石油市场与中美汇率市场进行了小波尺度分解，在结合BEKK-GARCH模型进一步考察石油市场与中美汇率市场间的波动溢出效应前，可以先总体简单分析一下石油市场与中美汇率市场间的价格波动情况。WTI原油与中美汇率市场的价格波动图分别如图5-3和图5-4所示。

图5-3　WTI原油与美国汇率市场价格指数波动图

图5-4　WTI原油与中国汇率市场价格指数波动图

通过图 5-3 和图 5-4 的信息可以看出，WTI 原油价格和中美汇率波动均较大，在 2008 年前美国汇率与石油价格呈反向波动趋势，且油价波动幅度远大于美元汇率波动幅度，在此期间人民币汇率一直处于升值阶段；2008 年至 2014 年，美国汇率指数与石油价格交叉反向波动，2008 年全球金融危机期间人民币汇率回到盯住美元的汇率制度，直到 2010 年 7 月，中国人民币汇率市场走势与美元汇率市场相反，汇率一路上升；2014 年之后，美联储退出了量化宽松政策，美元与油价走势相反而人民币与石油价格波动趋势相似，同时各市场间存在剧烈的震荡。

表 5-6 至表 5-10 展示了基于小波的 BEKK-GARCH（1，1）模型对 WTI 油价和中美两种汇率指数的估计结果。可以看出，平均溢出效应和波动溢出效应是时变的，并且溢出在不同的小波尺度上分布不均匀。此外，国际石油市场和中美汇率市场之间的溢出效应存在着显著非对称性。表 5-10 总结了 WTI 原油市场与中美汇率市场之间的均值和波动溢出效应关系。

表5-6　　　　　　　　D1尺度下BEKK-GARCH模型汇率市场的估计结果

类型	参数	TWDI指标（美）			CFETS指标（中）		
		危机前	危机期间	危机后	危机前	危机期间	危机后
基于均值方程的估计结果	μ_r	−0.0076	−0.0093	−0.0023	−0.0032	−0.1034	0.0005
	μ_o	−0.0921	0.0239	−0.0935	0.0931	−0.0031	−0.0624
	ϕ_{11}	−0.7835***	−0.9025***	−0.5923***	−0.5324***	−0.6194***	−0.6524***
	ϕ_{12}	−0.6213***	−0.7236	−0.9424***	−0.2948	0.0315***	0.1232**
	ϕ_{21}	−0.5035***	−0.6453***	−0.6852***	0.1924	−0.3214	0.2045
	ϕ_{22}	−0.4952***	−0.5273***	−0.3423***	−0.5638***	−0.2334***	−0.6732***
基于条件方程-协方差的估计结果	c_{11}	0.2302***	0.0942**	0.0324***	0.4851***	1.2932***	0.8423***
	c_{21}	0.2394**	0.8491***	−3.4023***	1.2394**	0.0942*	2.3948
	c_{22}	0.2391***	1.2394***	0.3284	3.0952***	0.7883***	0.2184***
	a_{11}	−0.4783***	−0.3245***	−0.3293***	−0.8472***	−0.2394***	−0.5732***
	a_{12}	0.5723***	0.7039**	0.6293***	0.2394	0.4857**	0.5394
	a_{21}	0.6381*	0.8234***	0.7673**	0.2394	0.3872***	0.2938***
	a_{22}	−0.6382***	−0.2394***	−0.7424**	−0.3752***	0.4921***	−0.3249***
	b_{11}	−0.1203***	−0.0327***	−0.3249***	−0.4985**	−0.3239***	0.5521**
	b_{12}	−0.8921***	−0.9421***	−0.7792***	0.2391	0.0889	−0.0934
	b_{21}	−0.7301***	−0.8724	−0.4724	0.0234	0.1239	0.2394
	b_{22}	−0.7239***	−0.5263**	−0.2384***	0.2385***	−0.4575***	−0.4579***
	d_{11}	0.2912***	0.3923**	0.2193***	0.20394**	0.3941***	0.2254***
	d_{12}	−0.4305**	−0.6887*	−0.4722***	−0.2391*	0.0021**	−0.0092***
	d_{21}	−0.4301**	−0.6394	−0.4309***	0.1347***	−0.1696***	−0.2304***
	d_{22}	0.6394***	0.7042*	0.6304**	0.1993**	0.4120***	0.2942***

注：*表示指标在10%显著性水平显著，**表示指标在5%显著性水平显著，***表示指标在1%显著性水平显著。

表5-7　　　　　　　　　　D2尺度下BEKK-GARCH模型汇率市场的估计结果

类型	参数	TWDI指标（美）			CFETS指标（中）		
		危机前	危机期间	危机后	危机前	危机期间	危机后
基于均值方程的估计结果	μ_r	−0.0392	−0.0034	−0.0217	−0.0394	0.0901	−0.0034
	μ_o	−0.0482	0.1034	−0.0738	−0.0432	−0.0881	0.0164
	ϕ_{11}	0.4945***	0.7639***	0.4094***	0.3094***	0.2958**	0.2995**
	ϕ_{12}	−0.4953***	−0.4753***	−0.8723***	0.4239	0.4954	−0.2105
	ϕ_{21}	−0.2304***	−0.9452***	−0.4442	−0.2942	0.0094***	0.1345***
	ϕ_{22}	−0.2934***	−0.3253***	0.2084***	0.4302***	0.2842***	0.4203***
基于条件方程-协方差的估计结果	c_{11}	0.2394**	0.8857***	2.9941***	−0.6673**	2.3942***	0.2033**
	c_{21}	−0.9532***	1.8245	0.0084***	0.7462***	1.0203	0.4004***
	c_{22}	1.3052***	0.7802**	0.3751***	1.2303***	0.2394***	0.8495***
	a_{11}	−0.2139***	−0.2385***	−0.5528***	−0.4752***	−0.4334***	−0.3824***
	a_{12}	−0.6139***	−0.5394***	−0.8522***	−0.4192***	−0.3294	−0.5821
	a_{21}	−0.2384***	−0.5481***	−0.4829	−0.3148***	−0.5290***	−0.2734
	a_{22}	−0.2394**	−0.6762**	−0.5092***	0.2123***	−0.0294**	−0.5874***
	b_{11}	−0.7462**	−0.2380***	−0.5482***	−0.4492**	−0.4828***	−0.2185***
	b_{12}	0.9834**	0.7932***	−0.8923***	0.2239	0.0394***	0.1238***
	b_{21}	0.8921***	0.9842***	−0.7429***	0.4239	0.1049	0.2394
	b_{22}	−0.2384***	−0.4827***	−0.2384**	−0.1394***	−0.2942***	−0.1203**
	d_{11}	0.1948**	0.5423**	0.3845***	0.2355***	0.2853***	0.2395**
	d_{12}	0.7527	−0.6394**	−0.5182**	−0.2852**	−0.1923**	−0.3942***
	d_{21}	−0.6294**	−0.4394	−0.5423*	−0.0304*	−0.2802***	−0.1203**
	d_{22}	0.5923*	−0.2395	0.6983**	0.2394***	−0.0924***	0.2915

　　注：*表示指标在10%显著性水平显著，**表示指标在5%显著性水平显著，***表示指标在1%显著性水平显著。

表5-8　　　　　　　　　D3尺度下BEKK-GARCH模型汇率市场的估计结果

类型	参数	TWDI指标（美）			CFETS指标（中）		
		危机前	危机期间	危机后	危机前	危机期间	危机后
基于均值方程的估计结果	μ_r	−0.0948	−0.0185	0.0145	−0.0021	−0.0652	−0.0153
	μ_o	0.0495	−0.0749	−0.0820	−0.1743	−0.0984	−0.0247
	ϕ_{11}	0.9342***	0.8042***	0.9384***	0.9423***	0.9384**	0.3847***
	ϕ_{12}	−0.3945***	−0.4852***	−0.3958***	1.4928	−0.3941	0.4593***
	ϕ_{21}	−0.4852***	−0.1983***	−0.2934***	0.0492	0.1294***	0.1745***
	ϕ_{22}	0.9053***	0.7432***	0.8935***	0.6893**	0.3975***	0.6893***
基于条件方程-协方差的估计结果	c_{11}	−0.2942**	−0.8327***	1.3394***	0.3945***	0.1240***	0.9402***
	c_{21}	0.4523***	0.4148***	0.0394***	2.9492***	−2.4059	0.2991***
	c_{22}	−0.4992***	1.2384***	0.7422**	0.1948**	0.8592***	0.4093***
	a_{11}	−0.1938***	−0.2318***	−0.1938***	−0.5621***	−0.0341**	−0.5572***
	a_{12}	−0.2138***	−0.2384***	−0.2394***	−0.3248	0.32384	−0.2394***
	a_{21}	−0.3948***	−0.4882	−0.4175***	−0.4298	−0.2337***	−0.6652
	a_{22}	0.4682***	−0.4128***	−0.4128**	−0.1238***	−0.4814***	−0.4762***
	b_{11}	−0.1235***	−0.4824**	−0.2358***	0.1239***	−0.2394**	−0.1239***
	b_{12}	−0.9823***	−0.980***	−0.9883***	0.0921***	0.1034***	0.1332***
	b_{21}	−0.7842***	−0.923**	−0.7684***	0.2392	0.0942**	0.2295***
	b_{22}	−0.3374***	−0.3849***	−0.1849***	−0.2842***	−0.4185***	−0.6274***
	d_{11}	−0.2394***	−0.1938***	−0.1294***	−0.3201***	−0.0041***	−0.2374***
	d_{12}	−0.5384	−0.1823*	−0.4685	−0.1239*	−0.3149***	−0.2391***
	d_{21}	−0.2932	0.2932	0.2394	−0.0923	−0.1293**	−0.1991***
	d_{22}	−0.7309*	0.6394*	−0.2394	−0.2391***	−0.0394**	−0.2651***

注：*表示指标在10%显著性水平显著，**表示指标在5%显著性水平显著，***表示指标在1%显著性水平显著。

表5-9　　　　　　　　　D4尺度下BEKK-GARCH模型汇率市场的估计结果

类型	参数	TWDI指标（美）			CFETS指标（中）		
		危机前	危机期间	危机后	危机前	危机期间	危机后
基于均值方程的估计结果	μ_r	−0.0451	−0.0853	0.0049	−0.0294	−0.0059	−0.0925
	μ_o	0.0185	−0.0174	−0.0485	−0.0396	−0.0118	−0.1956
	ϕ_{11}	0.9431***	0.9045***	0.9573***	0.9783***	0.9864***	0.9371***
	ϕ_{12}	−0.3845***	−0.7934***	−0.8948**	0.0845**	−0.4552	0.1832***
	ϕ_{21}	−0.7394***	−0.8952***	−0.9842***	0.2833	0.1394***	0.3952***
	ϕ_{22}	0.9304***	0.8394***	0.9844***	0.9820***	0.7340***	0.9047***
基于条件方程-协方差的估计结果	c_{11}	−0.2304***	−0.2393**	−0.4920***	1.2394***	3.4932***	−0.9872***
	c_{21}	1.2394***	0.4858***	0.7782***	−2.9498**	0.0998***	−1.9948***
	c_{22}	2.3949***	0.0949***	−0.8773***	1.0092***	0.9874***	0.4772***
	a_{11}	0.1249***	−0.2094***	−0.1942***	−0.2394***	−0.5728**	−0.1248***
	a_{12}	−0.2318***	−0.5812***	−0.7742***	−0.2384	−0.2394***	−0.4812***
	a_{21}	−0.0942***	−0.8184	−0.7128***	−0.2834**	−0.4184	−0.8482***
	a_{22}	−0.7812*	−0.3128***	−0.3941***	−0.2348***	−0.8411**	−0.1238***
	b_{11}	0.1239***	−0.2384**	−0.6271***	−0.2384**	−0.4128***	−0.4721***
	b_{12}	−0.7842***	−0.8923**	−0.8974***	0.0932***	0.0872**	0.1390***
	b_{21}	−0.9283***	−0.9882***	−0.8742***	0.2921	0.0104***	0.2259***
	b_{22}	−0.8523***	0.0931**	−0.2391*	−0.2384***	−0.5823***	0.2139***
	d_{11}	−0.1193***	−0.1039**	−0.2391***	−0.2923**	−0.1203**	−0.6471
	d_{12}	−0.5325	0.4283	0.0234*	−0.3021***	−0.2384***	−0.2739***
	d_{21}	0.2384	−0.2304*	−0.4032	−0.0139**	−0.2144***	−0.1948***
	d_{22}	−0.4901**	−0.7384***	−0.5938***	−0.2394***	−0.2341***	−0.2271***

注：*表示指标在10%显著性水平显著，**表示指标在5%显著性水平显著，***表示指标在1%显著性水平显著。

表5-10　　　　基于BEKK-GARCH模型的不同时间尺度下石油和

汇率市场风险均值溢出和波动溢出关系

类型	小波尺度	TWDI指标（美）			CFETS指标（中）		
		危机前	危机期间	危机后	危机前	危机期间	危机后
均值溢出	D1	WTI↔TWDI	WTI→TWDI	WTI↔TWDI	无	WTI←TWDI	WTI←TWDI
	D2	WTI↔TWDI	WTI↔TWDI	WTI←TWDI	无	WTI→TWDI	WTI→TWDI
	D3	WTI↔TWDI	WTI↔TWDI	WTI↔TWDI	无	WTI→TWDI	WTI↔TWDI
	D4	WTI↔TWDI	WTI↔TWDI	WTI↔TWDI	WTI←TWDI	WTI↔TWDI	WTI↔TWDI
波动溢出	D1	WTI↔TWDI	WTI←TWDI	WTI←TWDI	无	无	无
	D2	WTI↔TWDI	WTI↔TWDI	WTI↔TWDI	无	WTI↔TWDI	WTI↔TWDI
	D3	WTI↔TWDI	WTI↔TWDI	WTI↔TWDI	WTI↔TWDI	WTI↔TWDI	WTI↔TWDI
	D4	WTI↔TWDI	WTI↔TWDI	WTI↔TWDI	WTI←TWDI	WTI↔TWDI	WTI↔TWDI

注：WTI→TWDI表示石油市场向汇率市场的溢出效应；WTI↔TWDI表示石油市场与汇率市场间的相互溢出效应；WTI←TWDI表示汇率市场向石油市场的溢出效应。

从表5-6到表5-9可以看出，WTI原油市场与汇率市场（TWDI，CFETS）间的非对称BEKK-GARCH模型绝大多数参数同样通过了5%显著性水平检验。均值溢出效应方程中，μ_r和μ_o分别表示汇率市场（TWDI，CFETS）和WTI原油市场收益率序列均值方程的常数项；估计系数ϕ_{11}表示WTI原油市场本期收益率会受到WTI原油市场上一期收益率的影响；估计系数ϕ_{12}表示WTI原油市场本期收益率会受到汇率市场（TWDI，CFETS）上一期收益率的影响。WTI原油市场与汇率市场（TWDI，CFETS）的方差方程中估计系数a_{11}和a_{22}分别表示石油市场和汇率市场本期收益率的波动会受到其上一期的残差的影响程度；估计系数b_{11}和b_{22}分别表示石油市场和汇率市场本期收益率的波动会受到上一期的条件方差的影响程度。参数d_{11}和d_{22}则分别表示石油市场和汇率市场本期收益率的波动会受到上一期波动的影响具有非对称性。以上情况说明石油市场和汇率市场在各尺度下自身的波动情况普遍具有非对称性，即市场自身收益率的波动会因其上一期收益率的波动正负性的影响而对本期产生不一致的影响。此外，非对称性系数d_{11}和d_{22}普遍为负数，说明市场上一期收益率波动的负向冲击会加剧本期收益率的波动情况，即市场的波动存在正向非对称性。再看交叉项系数，估计系数 a_{12} 表示 WTI 原油市场本期收益率的波动会受到汇率市场上一期残差项的影响程度；估计系数 a_{21} 则表示汇率市场本期收益率的波动会受到石油市场上一期残差项的影响程度。估计系数 b_{12} 表示石油市场本期收益率的波动会受到汇率市场上一期的条件方差的交叉影响。估计系数 b_{21} 表示汇率市场本期收益率的波动会受到石油市场上一期的条件方差的交叉影响。参数 d_{12} 表示汇率市场向石油市场的风险传导具有非对称性，参数 d_{21} 表示石油市场向汇率市场的风险传导具有非对称性。

首先，分析均值溢出效应风险传导。WTI 原油市场和两个汇率市场（TWDI 和 CFETS）之间的均值溢出程度通过估计系数 ϕ_{12} 和 ϕ_{21} 可以分析。从表 5-6 至表 5-9 可以看出，在不同的小波尺度上，WTI 原油市场与中美两个汇率市场在不同的时期存在单向、双向或无均值溢出，即价格均值溢出效应随小波尺度和时间周期的变化而变化。具体来看，WTI 原油价格与美元汇率指数、人民币汇率指数之间的均值溢出效应在第 1 阶段的估计揭示了 WTI 原油市场与美国汇率市场在 D1 至 D4 的各个小波尺度上均存在双向联系。WTI 原油市场与中国汇率市场只有在 D4 尺度存在单向均值溢出（即中国汇率市场传导至 WTI 原油市场），其他尺度下两市场间均无联系。在第 2 阶段，WTI 原油市场与美国汇率市场在 D1 尺度下双向联动变为单向均值溢出（即从 WTI 原油市场传导至美国汇率市场）。WTI 原油市场与中国汇率市场则在 D1 至 D3 尺度均变为单向溢出，且传导方向不完全相同，D4 尺度下石油市场与中国汇率市场间的传导方向发生了改变（即变为汇率市场向 WTI 原油市场方向传导）。在第 3 阶段，WTI 原油市场与美国汇率市场在 D2 尺度由双向联动变为单向传导，即美国汇率市场向 WTI 原油市场方向传导，D1、D3 和 D4 尺度均为双向联动。WTI 原油市场与中国汇率市场间的传导与第 2 阶段类似，D1 和 D2 尺度方向不变，D3、D4 尺度均由之前的单向变为双向联动。可以看出，WTI 原油市场和两个汇率市场之间的均值溢出效应是时变的，并且在各尺度内，风险溢出关系越来越紧密。

其次，分析波动溢出效应风险传导。通过矩阵对角元素计算的系数 a_{12}、a_{21}、b_{12} 和 b_{21} 可以获取石油市场与中美汇率市场间的波动风险溢出信息。与均值溢出效应相似，WTI 原油市场和两个汇率市场之间的波动性溢出效应同样因小波尺度和时间周期的不同而发生变化，不同尺度或时间阶段市场间风险传导方向为单向、双向或没有波动联系。WTI原油市场与美国汇率市场的波动性溢出效应除了在D1尺度的危机期间和危机后为单向传导外，其他各个尺度、时间段均为双向传导，且长期尺度的系数相对更大。而WTI原油市场与中国汇率市场的波动性溢出效应在短期尺度下相互间的波动溢出效应不太明显，在长期尺度下，两个市场间的风险传导效应逐渐增强，随着时间推移，危机期后的风险传导要比危机期前的联系更为紧密，这说明在人民币国际化的进程中，石油市场与中国汇率市场之间的相互影响变得更强。简而言之，WTI原油市场与美国汇率市场的风险传导程度更强，整体上存在较强的负向相关风险传导关系，而WTI原油市场与中国汇率市场存在较弱的正向相关关系，且主要集中在金融危机后期。

最后，WTI原油市场与中美汇率市场的非对称性系数d_{11}和d_{22}普遍为负数，说明市场上一期收益率波动的负向冲击会加剧本期的风险波动溢出，且美国汇率市场受上一期波动冲击的影响程度要大于中国汇率市场，两个市场受自身影响的长期尺度下的非对称波动效应均十分显著。此外，石油市场与美国汇率市场间的非对称冲击短期尺度下部分时间段较为显著，但长期尺度下非对称性并不显著；石油市场对中国汇率市场的溢出效应则存在显著的非对称性特征，由此可以证明石油市场对中国汇率市场间的波动溢出效应存在显著的正向非对称性，且存在多时间尺度差异。

总体而言，以上结果表明在不同尺度下，石油市场与中美汇率市场间的风险传导存在显著差异。石油市场与美国汇率市场方面，短期和长期尺度下的传导系数均较大，且长期尺度下的系数相对更大。整体来说，各尺度下普遍存在着较强的负向相关关系。石油市场与中国汇率市场方面，在短期尺度下波动溢出效应不太明显；在长期尺度下，市场间的风险传导效应逐渐增强。整体来说，各尺度下普遍存在着较弱的正向相关关系。此外，随着时间推移，危机后期的风险传导效应要比危机前期的联系更为紧密。这说明在人民币国际化的进程中，石油市场与中国汇率市场间的相互影响变得更强。在非对称性方面，美国汇率市场受自身上一期波动冲击的影响程度要大于中国汇率市场。长期尺度下，两个市场受自身影响的非对称波动效应均十分显著。此外，非对称冲击下，石油市场与美国汇率市场间风险传导在短期尺度部分时间段较为显著，但长期尺度下非对称性则并不显著；石油市场对中国汇率市场溢出效应则存在显著非对称性特征。

5.3　本章小结

多元广义条件异方差（MGARCH）模型在实证研究中被广泛用于估计不同市场间的波动溢出效应。在本章中，我们使用二元GARCH模型来同时估计石油和股票市场价格的均值和条件方差。具体来说，采用二元非对称BEKK-GARCH（1，1）模型进行研究，该模型允许研究石油市场和股票市场、汇率市场之间的风险溢出。

本章将小波分析与双变量BEKK-GARCH模型相结合，从时间、频率和非对称性三个角度分析了国际石油市场与股票市场、汇率市场在小波尺度上的均值溢出和波动性溢出的演化过程。样本数据分为危机前、危机期间和危机后三个子阶段。运用该方法，我们得到了两种溢出关系：WTI原油市场与中美股票市场的风险溢出，以及WTI原油市场与中美汇率市场的风险溢出。根据实证研究结果，我们得到了WTI原油市场分别与中美股市、中美汇市间的风险溢出效应，即在多个小波时间尺度上，WTI油价和两类市场之间的溢出在危机前、危机中和危机后的时间段内是动态的，且存在非对称性特征。一方面，国际石油市场对美国股市的风险传导效应要强于对中国股市的影响。石油市场与美国股市间存在较强的双向风险传导，相比之下，国际石油市场对中国股市的影响相对较弱。然而，随着中国经济实力的提高，中国股市对国际石油市场的影响逐渐增强。另一方面，WTI原油市场对中美汇率市场都具有显著的风险溢出效应，风险传导在不同的时间尺度上完全不同，长期尺度下市场间的相互影响要大于短期尺度。对于中国汇率市场来说，人民币汇率改革以来，人民币汇率与国际石油市场之间的风险传导效应逐步加大，石油市场价格风险的冲击总体上存在较弱的正向性，且更应该多关注长期尺度间的相互风险传导。油价对美元汇率的风险传导则是显著负向的，美元汇率风险远高于人民币汇率风险，这主要是由于中国政府的汇率管制政策。此外，石油对中国汇率市场风险溢出效应存在显著的非对称性，而美元指数风险溢出效应的非对称性整体上看并不明显。

综上所述，本章基于极大重叠离散小波方法和多元BEKK-GARCH模型，构建了非对称MODWT-BEKK-GARCH模型，分析了WTI原油市场与中美两国股票市场、汇率市场在不同尺度上的时变非对称风险溢出效应，该方法同样可应用于其他国际市场的风险传导研究。本研究提供了一个良好的参考结果，并总结了一些重要的发现，即在多个小波尺度上，WTI油价和两类市场之间的风险溢出效应在危机前、危机中和危机后的时间段内是动态变化的，且存在非对称性特征。此外，了解能源金融市场与金融市场间的风险溢出效应，对能源和金融研究人员、市场参与者和政策制定者来说都非常重要。本书的研究不仅为金融投资者进行组合投资决策和风险管理行为提供了一个有用的分析工具，也为我国政府更好地理解油价冲击对金融市场的风险压力提供了较为重要的借鉴与参考。

6 能源金融市场风险预警体系构建

构建合理的能源金融市场风险预警体系不仅能够及时揭示即将发生的能源金融市场风险，还能够对风险的防范起到重要作用。本章重点论述能源金融市场风险预警体系的构建。首先，介绍能源金融市场风险预警的意义以及原理；其次，阐述能源金融风险预警评价指标的建立，利用熵权法，选取两个与 WTI 原油期货市场相关度最高的指标；再次，论述如何构建基于支持向量机预测模型、多元灰色预测模型和萤火虫优化算法的组合预警模型，从模型预测精度、模型预测有效性和模型预测显著性三个方面介绍模型的评价指标；最后，将所建立模型的预测结果与其他单个预测模型、时间序列预测模型以及其他优化算法进行对比分析。

6.1 能源金融市场风险预警的意义及原理

对能源金融市场风险的预警具有重要意义，本节将从避免能源虚拟金融风险转化为能源实体金融风险、保障能源价格稳定和能源安全供应以及为能源金融健康发展保驾护航三方面进行论述，并进一步阐述能源金融市场风险预警的原理。

6.1.1 能源金融市场风险预警的意义

对于能源金融市场风险进行预警具有重要意义。首先，能够避免能源虚拟金融风险转化为能源实体金融风险。能源虚拟金融风险在一定条件下可能转为能源实体金融风险，价格风险和环境风险最终通过投资和融资风险体现出来，所以能源金融风险的核心是投资和融资的风险，同时，投资和融资风险又会通过银行账务体现出来，最终引发金融银行风险。成功预警能源金融风险可以避免能源虚拟金融风险向能源实体金融风险的转化。其次，保障能源价格稳定和能源安全供应。预警能源金融风险是保证能源金融安全的必要前提，尤其是在当前全球经济一体化以及充斥着各种不确定因素的情况下，各国需要通过各种手段将能源产业发展危机和能源供给危机保证在可控范围内，使能源满足各行业的基本需求，达到供需平衡，防范和降低能源企业的投资风险，保障能源行业顺利达成投资目标。最后，能源金融风险的准确预警可以为能源金融健康发展保驾护航。众多因素能够导致能源金融产生风险，各种因素相互交织、错综复杂，往往同时发生，因此能源金融系统的风险无时无刻都会存在，风险的渐变过程决定了能源金融的安全是一个相对的、动态的安全，只有通过各个层级的能源主体在这种动态过程中找到均衡点，并在该种均衡中不断调整，才能真正确保能源金融系统的安全稳定，保障能源金融产业的健康发展。

6.1.2 能源金融市场风险预警的原理

风险预警具有狭义和广义之分。从狭义来说，能源金融市场风险预警系统为了防范可能出现的风险或可能偏离正常发展轨道的风险，侧重于风险的即时预报和公告；从广义来说，风险预警系统则包括预警咨询、预警决策、预警执行和预警监督四个子系统，涵盖从收集反馈信息到风险识别再到风险报警的全过程。本研究重点关注能源金融市场可能出现的风险以及对风险的及时预报，所提到的能源金融市场风险预警系统是从狭义的角度构建的。

一般来说，能源金融风险预警系统应具备如下特征：第一，系统性。风险预警系统应是一个综合考虑各种可能带来风险的影响因素的有机整体。第二，层次性。该预警系统是由具有不同层次影响因素的子系统构成的，比如宏观经济因素、能源系统自身因素等。第三，准确性。有效的风险预警系统应该能够对风险做出迅速反应，即准确捕捉可能发生的风险，对风险具有高度敏感性。第四，参照性。风险预警系统应该能够为实际的风险防范提供重要参照，从发现风险到管理风险，积极采取措施，把风险遏制在萌芽之中，保障能源金融市场稳定健康发展。

基于以上特征，本研究的能源金融市场风险预警体系建立主要由指标遴选、模型构建和模型评价三部分构成。首先，从宏观经济、金融市场和能源市场三方面选取相应指标，构建能源金融市场风险预警的指标体系，并采用熵权法进行指标的降维遴选；其次，利用基于支持向量机和灰色预测模型相结合的多因素组合预测模型来对风险进行预警，并利用萤火虫算法（Firefly algorithm，FA）优化组合预测模型的权重；最后，从模型的预测精度、模型的预测有效度和模型的预测显著性三个方面对风险预警模型的性能进行综合评价。

6.2　能源金融市场风险预警指标体系的建立

能源金融市场风险预警体系建立的前提是构建风险预警的指标体系，本部分从风险预警指标选择原则、指标筛选方法和能源金融风险指标三个方面来论述如何构建能源金融市场风险预警指标体系。

6.2.1　风险预警指标选择原则

为了构建科学、全面和客观的能源金融市场风险预警指标体系，在选择具体评价指标时，需要遵循如下四个原则：

第一，全面性。众多因素会影响能源金融市场价格波动，因此，单一指标不能够全面地衡量或者反映能源金融市场风险变动情况，这是因为当一种因素对能源金融市场产生冲击时，另一种因素的变化可能会抵消该种冲击。所以，在选择构建评价指标体系时，应尽可能选取综合性和全面性较强的主要指标，不仅可以得到简化的评价指标体系，还能够更为全面综合地反映能源金融市场价格波动情况。因此，全面性是构建评价指标体系时需要考虑的首要原则，用于全面刻画能源金融市场风险波动特征。

第二，科学性。在全面性的基础上，选取的指标还需要遵循科学性原则，评价指标体系的设计需要以科学性为前提和理论依据，指标需要具备一定科学内涵，即目标清晰、定义精确，可以衡量能源金融市场风险价格波动的机理和特征，还应具有完备的数据。换言之，评价指标体系的建立需要全面系统且简洁实用。具体来说，评价指标体系的建立可以准确反映能源金融市场风险波动的实际情况，还应与已有的政策相关。综上所述，确定初始指标、选取指标筛选方法、确定各层指标的权重时，数据选择、计算和合成均需要建立在科学的基础之上。

第三，可操作性。这一原则是指在建立评价指标体系、选择指标时，尽管有的指标既具有全面性，又具有科学性，但是指标数据不易获取和采集，这样的指标是不能够纳入风险预警指标体系中的，需要根据实际要求，对其进行删减、更新或替代。因此，可操作性是保证评价指标体系建立的重要原则之一。

第四，动态性。能源金融市场的风险波动是一个动态过程，且在不同阶段影响风险的因素均不同，各要素此消彼长，共同影响能源金融市场的价格波动情况。因此，在设计评价指标体系时，尽管在短期内某些指标在系统中占有重要地位且保持相对平稳，然而，长期来看，需要不断将一些不合时宜的指标替换掉，实现评价指标体系的动态更新，这样既能保证评价指标体系构建的理论价值，又更具有实际意义。

6.2.2　风险预警指标筛选方法

在构建能源金融市场风险评价指标体系后，为了保证评价指标体系的简洁性，需要对众多指标进行筛选，以留下代表性最强、指标之间相关性最弱的指标，进而简化计算过程。本章选择熵权法来确定各个指标的权重，熵权法最初由Shannon提出，是以Shannon熵为依据，根据概率论提出的一种信息不确定性度量方法。由熵确定的权重也能够度量评价指标体系的无序程度，熵权表示评价指标的有用信息，是一种客观的赋权方法，能够给每个指标赋予相应的权重，进而挑选出更为重要的指标，在交通运输、环境能源、经济金融等领域具有较为广泛的应用。选择该方法的原因如下：第一，该方法计算简单、方便，能够有效对各个指标进行客观赋权；第二，所选用的指标数据皆具有较长的时间序列，在计算信息熵时，通常能够获得更为准确的结果。熵权法的步骤如下：

步骤一：数据非负性处理。熵能够计算出单个指标 X_j 和与其对应的指标 X_{ij} 之间的关系。因此，采用此方法数据之间没有维度差异，但是需要是非负的，指标中大值和小值的处理按照公式（6-1）和（6-2）进行：

$$X'_{ij} = \frac{X_{ij} - \min(X_{1j}, \ X_{2j}, \ ..., \ X_{nj})}{\max(X_{1j}, \ X_{2j}, \ ..., \ X_{nj}) - \min(X_{1j}, \ X_{2j}, \ ..., \ X_{nj})} + 1, \ i = 1, \ 2, \ ..., \ n; \ j = 1, \ 2, \ ..., \ m \ (6\text{-}1)$$

$$X'_{ij} = \frac{\max(X_{1j}, \ X_{2j}, \ ..., \ X_{nj}) - X_{ij}}{\max(X_{1j}, \ X_{2j}, \ ..., \ X_{nj}) - \min(X_{1j}, \ X_{2j}, \ ..., \ X_{nj})} + 1, \ i = 1, \ 2, \ ..., \ n; \ j = 1, \ 2, \ ..., \ m \ (6\text{-}2)$$

步骤二：第 i 个策略、第 j 个指标的比重为：

$$f_{ij} = \frac{X_{ij}}{\sum_{i=1}^{n} X_{ij}} \ (j = 1, \ 2, \ ..., \ m) \tag{6-3}$$

步骤三：第 j 个指标的熵为：

$$e_j = -k * \sum_{i=1}^{n} f_{ij} \ln(f_{ij}) \tag{6-4}$$

其中，当 k > 0 时，ln 表示自然对数，且 $e_j \geqslant 0$。常数 k 与样本量 m 相关，通常情况下，$k = 1/\ln n$ 且 $0 \leqslant e \leqslant 1$。

步骤四：计算第 j 个指标的不同系数。对于第 j 个指标，更大的差异 g_j 对于评价问题更为重要，即：

$$g_i = 1 - e_j \tag{6-5}$$

步骤五：第 j 个指标的熵权为：

$$W_j = \frac{g_j}{\sum_{j=1}^{m} g_j}, \ j = 1, \ 2, \ ..., \ m \tag{6-6}$$

根据上述方法，可以实现对各个指标的赋权，进而选取合适的指标用于能源金融市场风险的预测。

6.2.3　能源金融市场风险预警指标体系

能源金融市场风险指标体系涵盖三个层面，分别是能源市场基本面层面、金融市场层面和宏观经济层面，这是因为能源金融市场的风险首先来自能源和金融市场，此外还会受到宏观经济变化的冲击，经济危机的爆发与能源金融市场风险密切相关。

能源市场层面的指标包括能源需求、能源价格、能源企业相关财务指标。其中，能源需求可以衡量一个国家在一定时期内的能源使用情况，通常用能源强度来表示，即一次能源使用总量与国内生产总值的比值；能源价格能够直接反映出能源需求变动情况，并且能源价格会受到金融、政治等多方面的影响，在经济一体化背景下，各国能源价格逐渐趋同。能源企业相关财务指标包括企业的主营业务利润率，即主营业务利润与主营业务收入的比值，该指标是衡量企业财务能力的核心指标，可以反映企业的盈利能力；资金成本率是指企业的财务成本与负债总额的比值，能够反映企业面临风险的大小程度；资产负债率是企业的负债总额与资产总额的比值，表明企业偿还债务的能力，企业偿还债务的能力越强，能源企业面临的能源金融风险越低。

金融市场层面的指标包括货币供应量增速、贷款利率、存款利率、美元指数、美国股指期货指数、俄罗斯股指期货指数、上证综合指数、黄金市场指数等。其中，货币供应量在货币政策中起着举足轻重的作用，能够直接影响国家的经济运行，过快的货币供应量增速会引发经济泡沫和通货膨胀；贷款利率能够对能源企业的融资成本产生影响，利率水平升高会提高能源企业的融资水平；存款利率的上调会影响投资者的决策以及推高贷款利率，直接或间接影响能源企业的成本；美元指数衡量的是美元对一揽子货币的汇率变化程度，揭示了美元在国际外汇市场汇率的变化情况，如上文所述，它与能源金融市场风险具有紧密的关系；证券市场是企业融资的重要渠道，各国股指期货指数的变动情况能够反映国内经济稳定情况以及企业融资能力；黄金市场也是重要金融市场之一，黄金市场指数能够反映金融市场的稳定性。

宏观经济层面的指标包括国家GDP、汇率波动率、CPI指数等。GDP是衡量一个国家经济情况的综合指标，能够直接反映能源企业面临的外部环境状况，一国GDP稳定表明该国企业经营状况较好，具有持续增长的收入和利润，能源企业处于较为优越的环境中；汇率波动率指一个国家汇率相对国际自由兑换货币变化的情况，该指标能够直接反映一个国家的出口能力及国际竞争力；CPI指数能够反映一个国家的物价水平，CPI指数的波动会通过形成通货紧缩与通货膨胀来影响一国经济的稳定性。

本章构建能源金融市场风险预警体系时，考虑的是国际原油期货指数，并且是日频数据，鉴于数据频度以及数据可得性，在构建评价指标体系时，选用金融市场层面指标。在选择最初指标时，选取众多国家的股指期货指数、各国货币汇率指数、黄金指数等26个指标，经过熵权法进行指标赋权筛选后，剩下两个与WTI原油期货市场指数最相关的指标，分别是美国标准普尔500指数和美元指数，它们被赋予的权重分别为0.225和0.218，远大于其他指标。

6.3　能源金融市场风险预警模型的建立

本部分主要论述能源金融市场风险预警模型的构建步骤，建立的组合预测模型包括三部分，分别是支持向量机模型、多元灰色预测模型以及用于组合预测权重优化的萤火虫算法。

6.3.1　支持向量机模型的特点与基本原理

首先运用支持向量机构建能源金融市场风险预警模型，支持向量机属于一种监督式机器学习方法，在不断的监督学习过程中，根据某种函数规则建立自变量与因变量间的映射函数，可以是一对一的映射，也能够建立多对一的映射。在本书中，能源金融风险预警指标为自变量，石油市场价格为输出的因变量。另外，支持向量机在解决预测问题时拥有独特的优势，该方法通过计算经验风险的最小值来使结构化风险达到最小值，进而确保机器学习的学习能力和稳定性，特别是对于小样本问题，支持向量机能够通过不断重复训练和学习建立有效的映射函数，具有较高的预测精度。

具体来说，与其他方法相比，支持向量机方法具有如下三方面的优点：其一，支持向量机可以通过核函数将低维空间向高维空间进行非线性映射；其二，支持向量机能够将样本数据的特征空间进行超平面划分，使样本间拥有最大间隔，在构造核函数的过程中，可使非线性可分的样本数据间的距离最大化；其三，支持向量机是众多机器学习算法中为数不多能够处理小样本问题的，通过对少量样本进行高维度的训练，最终得出最优预测结果。

支持向量机主要用于解决分类和预测两类问题，预测是在分类的基础上进行的，具体原理如下：

给定训练集 $M = \{(x_1, y_1), \cdots, (x_i, y_i)\} \in (R^n \times Y)^i$，满足 $x_m \in R^n$，$y_m \in \{-1, 1\}$，$m = 1, \ldots, i$。实值函数 $g(x)$ 能够反映变量 x 和 y 之间的映射关系。函数 $f(x) = kx + b$ 表示分类是否满足线性关系，如满足线性关系，则支持向量机给出的分类线为

$kx + b = 0$。当 $y(kw + b) - 1 \geqslant 0$ 时，分类线能够将所有数据点进行精确分类，此时的分类间隔为 $2/\|w\|$。支持向量机求解分类问题可转化为在约束条件下的最优问题，即：

$$\min_{k, b} \frac{1}{2}\|k\|^2 \tag{6-7}$$
$$s.t. y_m(kx_m + b) - 1 \geqslant 0, \quad m = 1, 2, \ldots, i$$

将式（6-7）进行拉格朗日函数变换，可得：

$$L(k, b, \alpha) = \frac{1}{2}\|w\|^2 - \sum_{m=1}^{i} \alpha_m (y_m(kx + b) - 1) \tag{6-8}$$

求解拉格朗日函数，将最优问题转化为求解式（6-9）对偶问题的凸二次规划寻优：

$$\max_{\alpha} \sum_{m=1}^{i} \alpha_m - \frac{1}{2} \sum_{m=1}^{i} \sum_{m=1}^{i} \alpha_m \alpha_n y_m y_n (x_m x_n)$$
$$s.t. \begin{cases} \sum_{m=1}^{i} \alpha_m y_m = 0 \\ \alpha_m \geqslant 0, \quad m = 1, 2, \ldots, i \end{cases} \tag{6-9}$$

其中，α_m^* 是该式的唯一最优解，即 $k^* = \sum_{m=1}^{i} \alpha_m^* y_m x_m$。考虑到约束条件 $a_m (y_m(kx_m + b) - 1) = 0$，可得最终的最优分类函数如下：

$$g(x) = k^* x + b^* = \sum_{m=1}^{i} a_m^* y_m (x_m x) + b^* \tag{6-10}$$

通常情况下，求解的最优分类面不能将两类样本进行完全精确划分，为了解决该问题，支持向量机引入松弛因子 ζ，当出现样本错分时，可以对该种分类进行一定纠正，此时的分类面满足式（6-11）和约束条件：

$$y_m(kx_m + b) \geqslant 1 - \zeta, \quad m = 1, 2, \ldots, i \tag{6-11}$$

$$\min_{k, b, \zeta} \frac{1}{2}\|k\|^2 + c \sum_{m=1}^{i} \zeta_m$$
$$s.t. \begin{cases} y_m(kx_m + b) \geqslant 1 - \zeta_m, \quad m = 1, 2, \ldots, i \\ \zeta_m \geqslant 0, \quad m = 1, 2, \ldots, i \end{cases} \tag{6-12}$$

其中，c 为惩罚因子，会影响支持向量机对误差的宽容度。

与分类原理相似，支持向量机回归是对训练样本的数据在高维空间中找到映射函数 $g(x)$，满足 $f(x) = g(x)$，其中 $f(x)$ 为决策函数。支持向量机回归还可以将回归问题转化为分类线问题，通过上下移动样本分类线对数据进行分类求解，其目标函数为：

$$\min_{k, b} \frac{1}{2} \|k\|^2$$

$$\text{s.t.} \begin{cases} kx_m + b - y_m \leq \varepsilon, \ m = 1, \ 2, \ \ldots, \ i \\ y_m - kx_m - b \leq \varepsilon, \ m = 1, \ 2, \ \ldots, \ i \end{cases} \tag{6-13}$$

同理，代入拉格朗日函数，求解对偶问题的凸二次规划问题，同样代入松弛因子和惩罚参数，式（6-13）变为对式（6-14）进行求解：

$$\min_{k, b, \zeta} \frac{1}{2} \|k\|^2 + c \sum_{m=1}^{i} (\zeta_m + \zeta_m^*)$$

$$\text{s.t.} \begin{cases} kx_m + b - y_m \leq \varepsilon + \zeta_m, \ m = 1, \ 2, \ \ldots, \ i \\ y_m - kx_m - b \leq \varepsilon + \zeta_m^*, \ m = 1, \ 2, \ \ldots, \ i \\ \zeta_m \leq 0, \ \zeta_m^* \geq 0, \ m = 1, \ 2, \ \ldots, \ i \end{cases} \tag{6-14}$$

式（6-14）是解决线性或近似线性问题的方法，现实生活中大部分问题属于非线性问题，求解非线性问题的关键是核函数的引入，核函数能够将训练数据映射到高维空间，将非线性问题转化为线性问题。核函数就是支持向量机的内积函数，该函数可以将高维内积求解问题转化为对低维内积函数的运算，如果满足 $K(x_m, x_n) = (\varphi(X_m)\varphi(X_n))$，不用出具体映射函数。常见的核函数如表6-1所示，本章选用Sigmoid函数，该函数来源于神经网络，被广泛应用到深度学习和机器学习中，采用Sigmoid函数时，支持向量机实现的是一种多层感知机神经网络。

表6-1   常见支持向量机的核函数

类型	公式
多项式核函数	$K(x, x_m) = [(x \cdot x_m) + 1]^n$
径向基核函数	$K(x, x_m) = \exp(-\|x - x_m\|^2 / 2\sigma^2)$
Sigmoid核函数	$K(x, x_m) = \tanh(v(x \cdot x_m) + a)$
高斯核函数	$K(x, x_m) = \exp(-\|x - x_m\|^2 / \sigma^2)$

6.3.2 多元灰色预测模型的特点与基本原理

灰色预测模型（Grey Model，GM）是基于不完全的、少量信息建立灰色微分预测模型，对事物的发展规律进行描述。与普通预测模型不同，灰色系统包含已知和未知的信息，更符合现实生活中的实际情况，因此，灰色预测模型的建立是将不明确、不完整的信息抽象出来，由不明确到明确，应用十分广泛。在灰色系统理论中，利用含有不明确的或较少信息的原始数据序列生产变换后建立的、用来描述灰色系统内部事物连续变化过程的就是灰色模型，即GM模型。

GM模型的核心思想是利用原始数据组成原始序列，经过累加生成法生成序列，该序列能够降低原始数据的随机性，使其更具明显特征，再对生成变换后的序列建立微分方程。常见的GM模型分为GM（1，1）和GM（1，N）模型。GM（1，1）模型表示1阶、1个变量的微分方程，即对时间序列进行预测的模型；GM（1，N）是指一种多输入单输出的灰色预测模型，即根据多变量对石油价格进行预测。

GM模型具有诸多其他预测模型无法比拟的优点：首先，与神经网络模型不同，与支持向量机模型类似，GM模型可以用于有效解决小样本问题，当缺乏足够的原始数据时，在有限样本下，GM模型能够得出精度较高的预测结果；其次，对原始数据样本要求较低，不需要服从某种有规律的分布，这点十分重要，因为大部分预测模型，特别是常见的统计模型，要求原始数据服从高斯分布，这极大地限制了模型的预测性能；最后，灰色预测模型的预测精度较高，这是因为灰色预测模型实际上是基于拟合的思想，确保了模型输出结果的精度。

综上所述，本章选择多元灰色预测模型GM（1，N）来构建能源金融市场预警模型。假设原始序列为 $X^{(0)} = (x^{(0)}(1), x^{(0)}(2), \cdots, x^{(0)}(n))$，其中 $x^{(0)}(i) > 0$，$i = 1, 2, \cdots, n$。GM（1，N）的具体步骤如下：

步骤一：对原始序列 $X^{(0)}$ 实施一阶累加操作（1-AGO），得到新的序列为：

$$X^{(1)} = (x^{(1)}(1), x^{(1)}(2), \cdots, x^{(1)}(n)) \tag{6-15}$$

其中，$x^{(1)}(1) = x^{(0)}(1)$，$x^{(1)}(k) = \sum_{i=1}^{k} x^{(0)}(i)$，$k = 2, 3, \cdots, n$，$x^{(0)}(k) + ax^{(1)}(k) = b$ 是 GM（1，1）的原始形式。

步骤二：对于新生成的序列构建GM（1，1）模型，相应的白化差分方程为：

$$\frac{dx^{(1)}(t)}{dt} + ax^{(1)}(t) = b \tag{6-16}$$

其中，a代表发展系数，b是灰色系数，灰色差分方程的形式为：

$$x^{(0)}(k) + az^{(1)}(k) = b, \quad k = 2, 3, \cdots, n \tag{6-17}$$

步骤三：计算参数a和b，采用最小二乘方法 $\hat{\Phi} = [B^T B]^{-1} B^T Y$ 来决定参数列 $\Phi =$

$[a, b]^T$，其中 $B = \begin{bmatrix} -z^{(1)}(2) & 1 \\ -z^{(1)}(3) & 1 \\ \vdots & \vdots \\ -z^{(1)}(n) & 1 \end{bmatrix}$，$z^{(1)}(k) = 0.5[x^{(1)}(k) + x^{(1)}(k-1)]$，且 $Y = (x^{(0)}(2),$

$x^{(0)}(3), \cdots, x^{(0)}(n))^T$。

步骤四：在之前 $\hat{x}^{(1)}(1) = x^{(1)}(1) = x^{(0)}(1)$ 条件下，新生成的序列为：

$$\hat{x}^{(1)}(k) = (x^{(0)}(1) - \frac{\hat{b}}{\hat{a}})e^{-\hat{a}(k-1)} + \frac{b}{a}, \ k = 2, 3, \cdots, n \tag{6-18}$$

步骤五：基于步骤四，在之前 $\hat{x}^{(1)}(1) = x^{(1)}(1) = x^{(0)}(1)$ 条件下，原始序列为：

$$\hat{x}^{(0)}(k) = x^{(1)}(k) - x^{(1)}(k-1), \ k = 2, 3, \cdots, n \tag{6-19}$$

其中，$\hat{x}^{(0)}(1) = x^{(0)}(1)$，$\hat{x}^{(0)}(k) = (1 - e^{-\hat{a}})(x^{(0)}(1) - \frac{\hat{b}}{\hat{a}})e^{-a(k-1)}$，$k = 2, 3, \cdots, n$。当 $k = 2, 3, \cdots, n$ 时，可以得到原始序列的拟合值；当 $k > n$ 时，可以得到 GM（1，1）的预测值。

GM（1，N）是一个动态模型，用于描述一阶、多元线性关系，其核心思想与 GM（1，1）类似。假设有 n 个变量 X_1，X_2，$\cdots$，X_n，每个变量对应 m 阶时间序列 $X_i^{(0)} = [X_i^{(0)}(1), X_i^{(0)}(2), \cdots, X_i^{(0)}(m)]$，$i = 1, 2, \cdots, n$，对于每个 $X_i^{(0)}$，累加生成序列为：

$$X_i^{(1)} = [X_i^{(1)}(1), X_i^{(1)}(2), \cdots, X_i^{(1)}(m)], \ i = 1, 2, \cdots, n \tag{6-20}$$

GM（1，N）的差分方程为：

$$\frac{dX_1^{(1)}}{dt} + aX_1^{(1)} = b_2X_2^{(1)} + b_3X_3^{(1)} + \cdots + b_nX_n^{(1)} \tag{6-21}$$

同样，运用最小二乘方法来确定参数 $\beta = (a, b_2, b_3, \cdots, b_n)^T$：

$$\hat{\beta} = (B^TB)^{-1}B^TY \tag{6-22}$$

其中，$B = \begin{Bmatrix} -(1/2)(X_1^{(1)}(1) + X_1^{(1)}(2)) & X_2^{(1)}(2) & \cdots & X_n^{(1)}(2) \\ -(1/2)(X_1^{(1)}(2) + X_1^{(1)}(3)) & X_2^{(1)}(3) & \cdots & X_n^{(1)}(3) \\ \vdots & \vdots & & \vdots \\ -(1/2)(X_1^{(1)}(m-1) + X_1^{(1)}(m)) & X_2^{(1)}(m) & \cdots & X_n^{(1)}(m) \end{Bmatrix}$ 且 $Y = \begin{Bmatrix} X_1^{(0)}(2) \\ X_1^{(0)}(3) \\ \vdots \\ X_1^{(0)}(m) \end{Bmatrix}$。

因此，GM（1，N）的形式为：

$$\hat{X}_1^{(1)}(k+1) = [X_1^{(0)}(1) - \frac{1}{a}\sum_{i=2}^{n}b_iX_1^{(1)}(k+1)]e^{-ak} + \frac{1}{a}\sum_{i=2}^{n}b_iX_1^{(1)}(k+1), \ k = 0, 1, \cdots, m-1 \tag{6-23}$$

最终预测模型和预测值为：

$$\hat{X}_1^{(0)}(k+1) = \hat{X}_1^{(1)}(k+1) - \hat{X}_1^{(1)}(k) \qquad\qquad (6\text{-}24)$$

在多元灰色预测模型中，有一个至关重要的参数，即发展参数 a，它会对最终预测精度产生较大影响，表 6-2 展示了不同 a 值时，灰色预测模型的适用性：

表6-2   **模型发展参数和其适用性的关系**

a的取值范围	适用性
$-a \leqslant 0.3$	适用于中长期预测
$0.3 < -a \leqslant 0.5$	适用于短期预测
$0.5 < -a \leqslant 0.8$	适用于短期预测，但是预测效果较差
$0.8 < -a \leqslant 1.0$	需要用残差校正灰色预测模型
$1.0 < -a$	不适用任何情况

鉴于本章对能源金融市场风险预警属于短期预警，a的取值范围为 $0.3 < -a \leqslant 0.5$。

6.3.3   基于支持向量机和灰色预测的风险预警组合模型

尽管支持向量机和灰色预测模型各具优点，但是每个模型又存在一定局限性。对于支持向量机模型来说，其核函数的选择具有主观性，会给最终预测结果带来偏差；对于灰色预测模型来说，虽然不论大量还是少量数据，其预测结果均较为精确，但是灰色预测是基于拟合的思想求解原始数据的线性微分方程进而实现预测，因此更适合数据符合一定特征的预测。对于能源金融市场来说，石油价格的变动具有随机性，不是简单的线性关系，会对预测结果的精确性造成一定影响。

任何单一模型不能在任何情况下均给出最优预测结果，即单一模型方法具有较大的风险，而将不同方法得出的预测结果进行组合，不仅能够综合多种单一预测模型所包含的信息，使已知信息得到最大化的利用，还能够改善单一模型的预测结果，降低预测风险。为了提高能源金融市场风险预警模型的精度，本章采用组合预测方法对石油价格进行预测。

在实际应用中，对于同一预测对象，通常可以选用多种预测方法进行预测，每种预测方法具有不同的原理和侧重，进而得到不同的预测结果。同时，在预测过程中，需要根据不同预测方法的优势利用各种不同的信息，将不同方法进行组合，得到结合不同预测方法优点的组合预测模型，从而有效规避预测模型的缺点，最大限度发挥每个单一模型的优点，实现扬长避短，进而提高预测精度。本章将支持向量机和多元灰色预测模型相结合具有如下优势：其一，能够同时考虑石油价格序列中的线性和非线性特征。支持向量机用于捕捉非线性关系，通过核函数将其转化为低维空间中的线性关系，而多元灰色预测模型能够成功获取原始数据中的线性关系；其二，预测精度较高。相比于其他类型的预测模型，支持向量机和灰色预测模型均具有预测精度较高的优势，组合预测模型将更能发挥该优势；其三，计算复杂度较低。因为两类模型均适用于小样本数据，即利用较少原始历史数据便能够获得精度较高的预测结果，少量的原始数据可在较大程度上降低模型的计算复杂度，简化计算过程，使能源金融市场风险预警模型更为高效。

组合预测模型的具体操作步骤如下：步骤一，分别利用单一模型进行预测，得到每个单一模型的预测结果；步骤二，通过一定方法将每个单一模型的预测结果进行组合，得到最终预测结果。对于步骤二，最常见的方法是给每个单一模型的预测结果赋予一定的权重，公式如下：

$$F_{final} = w_{svm} F_{svm} + w_{grey} F_{grey} \tag{6-25}$$

其中，F_{final} 为最终预测值，F_{svm} 和 F_{grey} 分别是支持向量机和多元灰色预测模型的结果，w_{svm} 和 w_{grey} 分别是支持向量机和多元灰色预测模型结果的权重且各权重应该满足 $\sum_{i=1}^{2} w_i = 1$。上述组合方法又叫基于权重分配的组合方法，是根据单个模型的表现分配不同的权重，优点是较易实现，对新的数据有较强的适应性，预测性能较为稳定。显而易见，该方法的缺点是需要额外计算来确定各个模型的权重。

通常情况下，启发式智能算法是优化模型参数的最佳选择，随着近几年人工智能理论的逐渐完善，启发式智能算法更得到了广泛的应用，在函数优化、神经网络、故障诊断、机器学习、数据挖掘和图像处理等领域发挥着举足轻重的作用。本章拟采用启发式智能优化算法中的萤火虫算法实现组合预测模型的权重优化，进而构建出最优的能源金融风险组合预警模型，得出精确可靠的预测结果。

萤火虫算法（Firefly Algorithm，FA）是根据自然界萤火虫的发光和相互吸引的群体行为而产生的一种仿生学优化算法，萤火虫寻找其他萤火虫是依据其发光特性，萤火虫会随着发光亮度增强而增加其吸引力。也就是说，萤火虫的亮度越大其吸引力也就越大，会出现更多萤火虫向之靠近。萤火虫算法的原理是将个体的相互吸引和运动过程视为寻找空间最优值的过程，目标函数求解是测度萤火虫的个体亮度。

萤火虫算法中，亮度和吸引度是能够决定个体之间相互吸引程度的重要因素。对于亮度来说，亮度越大的萤火虫所处的位置越优、吸引度越大，随着萤火虫之间的距离变大，亮度和吸引度将会逐渐减弱。如果两个萤火虫的亮度相同，它们则会随机移动。萤火虫算法的亮度更新过程如下：

$$l_i(t) = (1 - \rho)l_i(t-1) + \gamma J(l_i(t)) \tag{6-26}$$

其中，$J(l_i(t))$ 为萤火虫 i 在第 t 次迭代中处于位置 $x_i(t)$ 时的目标函数值，γ 是亮度更新率，$l_i(t)$ 是萤火虫当前的亮度。

假设邻域 $N_i(t)$ 是 $\{j: d_{ij}(t) < r_d^i(t); \ l_i(t) < l_j(t)\}$，$0 < r_d^i(t) \leqslant r_s$，$r_s$ 是感知半径，萤火虫 j 向邻域个体移动的概率是：

$$p_{ij}(t) = \sum_{k \in N_i(t)}^{l_j(t) - l_i(t)} (l_k(t) - l_i(t)) \tag{6-27}$$

则萤火虫动态决定范围的更新半径是：

$$r_d^i(t+1) = \min\{r_s, \ \max\{0, \ r_d^i(t) + \beta(n_i - N_i(t))\}\} \tag{6-28}$$

通过不同的亮度和吸引度，不断更新萤火虫的位置，使其位于最优位置，能够搜索所有解空间中的解，最终找到最优解，即组合预测模型中使预测误差最小的权重。

与其他群智能优化算法相比，萤火虫算法具有如下优势（Yang，2009）：第一，该算法具有较好的收敛性能，且存在完备的理论证明，例如在动态变化过程中，萤火虫的亮度随着衰减因子收敛，而且有一个临界值，在一个峰值附近的邻居，最终都会单调收敛于静止个体所发出的亮度值；在 Leapfrogging 过程中，萤火虫之间的距离和移动步阶值均能够影响算法的性能。第二，算法计算简单、效率较高。因为算法中需要设置的主观参数较少，除萤火虫的亮度和吸引度两个重要参数之外，不需要较多先验信息，能够有效保证算法的客观性。第三，萤火虫算法的鲁棒性较强，单个个体均会朝着最优个体方向移动，而最优个体能够实现随机移动。第四，该算法的自适应能力和搜索能力较强，这是因为萤火虫移动的步长会随着移动距离的缩小而自动变短，历史因素不会影响现阶段萤火虫的移动步长。第五，萤火虫注重群体合作，通过群体合作来寻优，群体之间可以充分共享信息。

表6-3列出了本章使用的萤火虫算法的关键参数值。

表6-3　　　　　　　　　　　萤火虫算法中的关键参数

符号	含义	值	符号	含义	值
n	萤火虫种群规模	200	p	亮度的衰减系数	0.1
Iter_max	最大迭代次数	200	β_0	最大吸引度	1
γ	光强吸收系数	2	s	移动步长	0.5

6.4　能源金融市场风险预警模型的评价指标

成功建立能源金融市场风险预警体系的前提是对预警模型进行精确评价，选取适当的评价指标来衡量模型的预测精度能够保证模型的有效性与适用性。本节将从预警模型的整体预测精度、预警模型的稳定性和预警模型预测结果显著性方面综合评价能源金融市场风险预警模型的性能，以全面揭示预警体系的有效性。

首先，对于风险预警模型的整体预测精度，主要采用平均绝对百分误差（Mean Absolute Percentage Error，MAPE）来衡量，为保证模型评价的稳健性，还要计算出预测结果的平均绝对误差（Mean Absolute Error，MAE）和均方根误差（Root Mean Square Error，RMSE）。上述三个指标在衡量模型预测误差时均具有良好的性能（Liu 等，2014）。其中，MAPE是绝对百分比误差的平均值，其衡量预测质量的标准见表6-4；MAE和RMSE皆用于衡量预测值与真实值之间的误差，相较于RMSE，MAE对于误差更加敏感。以上三个指标的公式如式（6-29）至式（6-31）所示：

$$MAPE = \frac{1}{N} \sum_{i=1}^{N} \left| \frac{A_i - F_i}{A_i} \right| \times 100\% \tag{6-29}$$

$$MAE = \frac{1}{N} \sum_{i=1}^{N} \left| A_i - F_i \right| \tag{6-30}$$

$$RMSE = \sqrt{\frac{1}{N} \sum_{i=1}^{N} (F_i - A_i)^2} \tag{6-31}$$

其中，N表示样本量；A_i表示真实值；F_i表示预测值。

表6-4   MAPE的评价标准

MAPE（%）	预测能力
<10	非常好
10~20	较好
20~50	合理
>50	不正确

尽管风险预警模型的预测精度是人们最为关心的问题，MAPE、RMSE和MAE能够较为准确地反映模型的预测精度，然而，要确保预警模型拥有较高的预测精度，必须选择有效的预测方法，因此，什么样的预测方法是有效的，如何衡量预测方法的有效性也是需要考虑的问题。虽然模型的预测精度较高通常意味着模型拥有较高的有效性，事实上，鉴于不同数据序列具有不同的维度，上述三个指标不能很好地反映模型的有效性。本章参照Xu等（2017）的做法，引入预测有效性（forecasting valid degree，FVD）指标来评价模型选取的有效性。该指标的具体计算方法如下所示：

假设待预测序列的观察值为$\{x_t, t = 1, 2, ..., N\}$，预测方法有m种，$F_{it}$为在时间t的第i种方法的预测值，其中，$i = 1, 2, ..., m$，$t = 1, 2, ..., N$，那么，在时间t的第i种方法的相对误差$e_{it}$为：

$$e_{it} = \begin{cases} -1, & \frac{x_t - F_{it}}{x_t} < -1 \\ \frac{x_t - F_{it}}{x_t}, & -1 < \frac{x_t - F_{it}}{x_t} < 1 \\ 1, & \frac{x_t - F_{it}}{x_t} > 1 \end{cases} \tag{6-32}$$

其中，$E = (e_{it})_{m \times N}$为相对误差矩阵，表示在时间t的第i种预测方法的相对误差序列，且$0 \leq |e_{it}| \leq 1$。

第i种方法在时间t的预测精度用A_{it}表示，且$A_{it} = 1 - |e_{it}|$，同样$0 \leq A_{it} \leq 1$。当相对误差$|e_i = 1|$时，预测精度A_{it}为0，即在时间t的第i种预测方法的预测为无效预测。这表明受到多种因素的影响，误差e_{it}具有随机性，因此，$\{A_{it}, i = 1, 2, ..., m, t = 1, 2, ..., N\}$为一个随机变量序列。

不同种方法不同阶的预测有效度可表示为：

$$m_i^k = \sum_{t=1}^{N} Q_t A_{it}^k \qquad\qquad (6\text{-}33)$$

其中，k为正整数，$(i = 1, 2, ..., m)$，$\{Q_t, t = 1, 2, ..., N\}$是第m种预测方法在时间t的离散概率分析，$\sum_{t=1}^{N} Q_t = 1$，$(Q_t > 0)$。如果第m种单个预测方法预测精度的离散概率分布先验信息未知，$Q_t = 1/N$，$t = 1, 2, ..., N$。实际上，第i种预测方法的预测有效度元m_i^k为第i种预测方法预测精度序列$\{A_{it}, t = 1, 2, ..., N\}$的k阶原点矩。因此，k阶预测有效度可表示为$H(m_i^1, m_i^2, \cdots, m_i^k)$，H为k元连续函数。

具体来说，对于不同阶数的预测有效度，可以分为下述两种情况进行讨论：当$H(x) = x$为一元连续函数时，$H(m_i^1) = m_i^1$为第i种方法的一阶预测有效度；当$H(x, y) = x(1 - \sqrt{y - x^2})$为二元连续函数时，$H(m_i^1, m_i^2) = m_i^1\left(1 - \sqrt{m_i^2 - (m_i^1)^2}\right)$为第i种预测方法的二阶预测有效度。事实上，一阶预测有效度为预测精度序列的数学期望，二阶预测有效度是整数1与预测精度序列标准差的差值乘以序列的数学期望（Herrera等，2001）。

最后，对于预测结果显著性的评价，尽管MAPE、RMSE和MAE可以判断单个模型的预测能力，它们却不能根据指标数值比较不同模型的预测能力是否存在显著差异。如果不同模型之间的预测能力不具有显著差异，考虑成本因素则没有必要更换预测模型。因此，两两比较模型的预测性能是十分必要的。通常来说，F统计量、MGN统计量和MR统计量能够用于检验模型预测误差的显著性，在具体应用时，上述三个统计量皆具有一定局限性。F统计量有效的前提是预测误差序列不具有同期相关性，且同一序列内部也不能具有自相关关系。尽管MGN统计量不要求序列遵从同期不相关的约束，但其仍然需要同一序列内部不具有自相关关系。对于MR统计量来说，其对样本量提出要求，只适用于大样本数据分析。此外，三个统计量皆要求预测误差序列满足均值为0的正态分布。为了避免以上问题，本章运用Diebold&Mariano提出的Diebold-Mariano检验（DM检验）来比较不同预测模型预测结果的显著性（Diebold和Mariano，1995），由于DM检验彻底放宽了对预测误差序列的要求，其具有更为广泛的应用性以及更高的评价效率。

由以上论述可知，DM检验是通过比较两个模型之间的预测结果来判断是否存在显著差异。主要计算思路如下：假设两个模型的预测值分别为 $\{\hat{y}_{it}, i = 1, 2\}$，其对应的预测误差分别为 $\{\varepsilon_{it}, i = 1, 2\}$，它们的关系为：

$$\varepsilon_{it} = y_t - \hat{y}_{it}, i = 1, 2 \tag{6-34}$$

式（6-34）表示两个预测模型的损失函数与原始序列和预测值序列相关，可表示为 $\{g(y_t, \hat{y}_{it}), i = 1, 2\}$。实际中，该式可简化为：

$$Loss_i = g(y_t, y_{it}) = g(\varepsilon_{it}), i = 1, 2 \tag{6-35}$$

其中，$Loss_i$ 是第 i 个模型预测的损失函数。DM 检验的原假设 H_0 为两个模型具有相同的预测能力，两个模型预测值损失函数的无条件期望值相等；备择假设 H_1 为两个模型的预测能力具有显著差异，可分为两种情况：其一，第一个模型的预测能力弱于第二个模型的预测能力，$E(d_t) > 0$；其二，第一个模型的预测能力优于第二个模型的预测能力，$E(d_t) < 0$。

$$E(d_t) = E(g(\varepsilon_{1t}) - g(\varepsilon_{2t})) = 0 \tag{6-36}$$

DM 统计量构造如下：

$$DM = \frac{S - \frac{T(T+1)}{4}}{\sqrt{\frac{T(T+1)(2T+1)}{24}}} \sim N(0, 1) \tag{6-37}$$

其中，$S = \sum_{t=1}^{T} I + (d_t)rank(|d_t|)$，$I + (d_t) \begin{cases} = 1, & d_t > 0 \\ = 0, & d_t < 0 \end{cases}$ 为指示函数，$rank(|d_t|)$ 为两个模型损失函数的差分序列的绝对值按照从小到大排序后的序数值。如式（6-37）所示，DM 统计量服从标准正态分布。对于 DM 统计量中的损失函数，选用 MAPE 作为基础损失函数。

6.5 能源金融市场不同风险预警模型对比分析

在构建能源金融市场风险预警模型之后，本研究选择样本数据区间为 2010 年 1 月至 2015 年 12 月的 WTI 原油期货收益率日数据验证模型的有效性，其中，前 60 个月的数据为训练集，后 1 个月的数据为测试集。本部分的对比分析按照如下顺序进行：首先，将构建的能源金融风险预警模型与其他多因素预测模型进行对比分析，以证明组合预测模型的预测性能优于模型每个部分的单个预测模型，以及优于其他单个预测模型；其次，选择萤火虫优化算法优化组合预测模型的权重，为了证明萤火虫算法的有效性，选择其他五种常用的优化算法来优化权重；再次，选用一系列基于时间序列的预测模型预测能源金融市场风险，这是因为基于时间序列预测和基于多因素预测是两种不同类型的预测模型，通常情况下，当被预测对象受到众多因素影响时，仅通过时间序列预测会产生较大偏差，在能源金融风险预警系统的构建方面，基于多因素的预测效果优于基于时间序列的预测效果，本部分选取六种时间序列预测模型作为对比；最后，本部分给出DM检验的预测结果，以证明所建立的组合预测模型的预测精度显著优于其他预测模型，构建的能源金融风险预警体系有助于防范能源金融风险，起到及时预警的作用。综上所述，四部分的对比分析足以证明能源金融风险预警体系的有效性。

表6-5列出了本研究所提出的能源金融风险预警组合预测模型与其他多因素预测模型的对比分析结果。其中，对比的模型包括单个支持向量机模型（SVM）、多元灰色预测模型（GM（1，N））、多元自回归滑动平均模型（ARMAX）、BP神经网络预测模型（BP）、多元回归模型（RM）。

对结果的具体分析如下：从表6-5可知，组合预测模型FA-SVM-GM的预测效果明显优于其他对比预测模型，其MAPE的值为3.16%、MAE的值为0.733、RMSE的值为0.585、预测有效度为0.874。从不同阶数来看，一阶表示利用影响因素的滞后一期进行预测，同理，四阶表示利用影响因素的滞后四期进行预测。显而易见，各个指标均显示利用影响因素的滞后一期进行能源金融风险预警的预测效果优于滞后二期、滞后三期和滞后四期的预测效果，滞后一期和滞后四期的MAPE差值为2.61%，MAE的差值为0.507，RMSE的差值为0.301，预测有效度的差值为0.132，四个指标均具有较大差异。这是因为能源金融市场风险与影响具有紧密的联动性，即当宏观经济或能源市场等一旦发生风险，很快便能够传导到能源金融市场中，引发能源金融市场的价格波动，进而产生风险。任何与能源金融市场相关的影响因素变动时，能源金融市场有很大可能发生风险，需要提前进行预警。对于不同类型多因素预测模型来说，SVM的预测精度最高，GM（1，N）的预测精度位居第二，接下来是ARMAX，然后是多元回归模型，预测精度最差的是BP神经网络模型。由此可见，该结果进一步证明了单个SVM模型的有效性以及SVM核函数选择的正确性。SVM是基于统计理论进行不断机器学习，通过学习原始数据中的规律来给出最终预测结果，因此，其具有较强的理论基础，学习能力强，预测精度较高。对比之下，GM（1，N）的预测精度弱于SVM，这与前面的理论分析类似，GM（1，N）对原始数据要求较高，预测效果不如SVM。ARMAX模型属于自回归平滑模型，是一种基于统计理论的预测模型，当数据的波动程度不是很大时，ARMAX具有较强的拟合能力；而当数据具有明显的趋势性时，ARMAX的拟合能力较弱，因此，对于WTI原油期货收盘价数据来说，利用ARMAX预测的效果不如SVM和GM（1，N）。BP神经网络模型属于一种最基本的人工智能预测模型，它通过输入层、隐含层和输出层构建复杂的学习网络来学习原始数据的特征，进而给出预测结果。然而，BP神经网络预测模型存在的最大问题是需要主观确定神经网络内部的众多参数，比如隐含层个数、网络权值、网络阈值等，这给预测结果带来较大主观性。另外，其网络输出不稳定，即每次输出的预测结果均不同，这样会影响模型的预测性能，因此，在本研究的结论中，BP神经网络的预测结果不如SVM、GM（1，N）和ARMAX。最后，多元回归模型是以计量中的参数估计为基础，通过最小二乘法估计得出模型的各个回归系数，进而实现能源金融风险的预测，该方法的预测精度最低是因为对数据先验分布具有较高的要求，比如正态性分布等，在估计参数时，不能给出无偏有效估计量。

综上所述，根据表6-5的结果，可以得出如下结论：其一，本研究所运用的能源金融风险预警模型FA-SVM-GM具有最高预测精度以及预测有效性，该模型能够有效捕捉能源金融市场价格的线性和非线性特征；其二，组合预测模型的预测性能优于单个预测模型；其三，对于能源金融风险市场来说，基于机器学习和统计理论的预测方法优于单个基于人工智能或者单个基于统计计量理论的预测模型。

表6-5　　　　　　　　　　不同类型多因素预测模型对比结果表

预测模型	FA-SVM-GM				SVM			
滞后阶数	一阶	二阶	三阶	四阶	一阶	二阶	三阶	四阶
MAPE（%）	3.16	4.09	4.82	5.77	3.68	4.27	4.90	5.82
MAE	0.733	0.815	0.933	1.240	0.791	0.854	0.972	1.233
RMSE	0.585	0.612	0.745	0.886	0.591	0.647	0.782	0.910
FVD	0.874	0.831	0.798	0.742	0.855	0.813	0.762	0.731

预测模型	GM（1，N）				ARMAX			
滞后阶数	一阶	二阶	三阶	四阶	一阶	二阶	三阶	四阶
MAPE（%）	4.32	5.26	5.73	6.11	6.52	7.47	7.96	8.46
MAE	0.883	0.924	1.231	1.439	1.466	1.728	1.730	1951
RMSE	0.654	0.731	0.795	0.998	0.946	0.992	1.024	1.111
FVD	0.823	0.805	0.754	0.716	0.779	0.741	0.723	0.684
预测模型	BP				多元回归			
滞后阶数	一阶	二阶	三阶	四阶	一阶	二阶	三阶	四阶
MAPE（%）	7.33	8.31	9.26	10.17	9.34	9.77	10.25	11.33
MAE	1.562	1.928	2.031	2.345	2.196	2.233	2.575	2.968
RMSE	0.783	0.827	0.932	1.337	0.948	0.982	1.346	1.487
FVD	0.762	0.725	0.689	0.673	0.711	0.680	0.651	0.646

接下来，本研究将优化组合预测模型权重时的萤火虫算法与其他常见智能优化算法进行比较，以验证所选萤火虫优化算法的合理性及有效性。智能优化算法的最大优势是智能性，因为它们可以通过自进化和组织的方式来不断调整自身进而适应所处的周围环境。与其他类型优化算法不同，群智能优化算法拥有群体性，通过种群学习来寻找到最优解，能够在较短时间内解决复杂函数等相关问题。本部分选用的对比算法包括模拟退火算法（Simulated Annealing Algorithm，SA）、遗传算法（Genetic Algorithm，GA）、粒子群算法（Particle Swarm Optimization Algorithm，PSO）、人工鱼群算法（Artificial Fish Swarm Algorithm，AFSA）以及简单平均方法。其中，模拟退火算法基于物理学原理，模仿固体退火的过程，先将固体充分加热到一定温度，再让其慢慢冷却到常温状态，当固体粒子中每个温度都达到平衡状态时，固体内能最小，固体终止时的温度即为模拟退火算法得到的最优解；遗传算法基于自然界优胜劣汰的生存法则，将问题的参数编码成染色体，在每一代中，根据问题域中个体的适应度大小挑选个体，并对遗传算子进行组

合交叉和变异，产生代表新的解集的种群，使进化后的种群比前代更加适应环境，末代种群中的最优个体经过解码，可以作为问题近似最优解；粒子群算法是传统群智能优化算法之一，它模拟的是鸟在觅食过程中的迁徙活动以及鸟的群聚活动，基于速度-位置搜索，优化问题的潜在解为搜索空间中的一只鸟，即"粒子"，在搜索空间中，粒子通过对外界的感知以一定的速度飞行，根据同类的飞行方向和速度，不断修正自己的前进方向和速度，从而逐步靠近食物所在位置，即算法中的最优解；人工鱼群算法属于新兴的一类群智能优化算法，模拟了鱼群的觅食、聚群和追尾行为。在初始阶段，人工鱼群随机分布在变量区域内，在每次迭代完成之后，人工鱼会对自身状态与公告牌记录的状态进行比较，如果自身状态较优，则重新记录公告牌状态，这样便保证了公告牌能够记录历史最优状态，即最终公告牌的状态便是系统的最优值，以及优化函数的最优解。以上各个方法的对比结果见表6-6。

从表6-6可以看出不论是在预测精度还是在预测有效性上，各个优化算法之间的差异较小，其中，基于群体的智能优化算法效果最为接近，萤火虫优化算法得到的预测精度最小，MAPE为3.16%，PSO和AFSA的MAPE分别是3.20%和3.18%，由此可知，新兴群智能优化算法的优化性能优于传统群智能优化算法，MAE和RMSE值也证明了上述结论。相比之下，SA的MAPE为3.23%，GA的MAPE为3.26%，这表明基于物理方法的优化算法优于基于遗传理论的优化算法，但是它们的优化性能皆弱于群智能优化算法，这与理论一致，验证了群智能优化算法的优良性能以及在解决优化问题上的有效性。然而，尽管各个优化算法的优化性能差异不大，优化过程与优化时间却相差较大，模拟退火算法和人工鱼群算法的寻优时间远大于其他算法，这会直接影响组合预测模型的预测性能。AVE-SVM-GM模型代表将SVM和GM（1，N）的预测结果进行简单平均，其得到的预测精度和预测有效性均为最差，因此，对于组合预测模型，简单地将各个预测模型得到的结果进行平均，会影响模型最终的预测效果，需要用优化算法优化权重，进而提高模型的预测精度和有效性。

综上所述，根据表6-6可以得到如下结论：首先，相比于其他类型优化算法，群智能优化算法具有更好的寻优性能；其次，在各种群智能优化算法中，萤火虫算法的优化性能优于传统的粒子群算法以及新兴的人工鱼群算法；最后，在组合预测模型中，不能仅仅将单个模型的预测结果进行平均，利用优化算法进行寻优会提高模型的预测精度。

表6-6　　　　　　　　　　基于不同优化算法的预测模型对比结果表

预测模型	FA-SVM-GM				AVE-SVM-GM			
滞后阶数	一阶	二阶	三阶	四阶	一阶	二阶	三阶	四阶
MAPE（%）	3.16	4.09	4.82	5.77	3.44	4.52	5.11	5.98
MAE	0.733	0.815	0.933	1.240	0.746	0.866	0.971	1.263
RMSE	0.585	0.612	0.745	0.886	0.621	0.695	0.789	0.890
FVD	0.874	0.831	0.798	0.742	0.852	0.824	0.781	0.714
预测模型	SA-SVM-GM				GA-SVM-GM			
滞后阶数	一阶	二阶	三阶	四阶	一阶	二阶	三阶	四阶
MAPE（%）	3.23	4.12	4.91	5.78	3.26	4.15	4.88	5.81
MAE	0.736	0.818	0.937	1.241	0.738	0.820	0.941	1.246
RMSE	0.589	0.616	0.749	0.891	0.592	0.619	0.752	0.894
FVD	0.872	0.828	0.791	0.736	0.869	0.824	0.785	0.730
预测模型	PSO-SVM-GM				AFSA-SVM-GM			
滞后阶数	一阶	二阶	三阶	四阶	一阶	二阶	三阶	四阶
MAPE（%）	3.20	4.08	4.83	5.79	3.18	4.11	4.80	5.76
MAE	0.733	0.816	0.935	1.242	0.732	0.818	0.931	1.238
RMSE	0.593	0.615	0.746	0.882	0.586	0.614	0.740	0.883
FVD	0.873	0.835	0.795	0.731	0.872	0.828	0.796	0.747

　　在证明了基于多因素的能源金融风险组合预警模型的有效性之后，本研究将模型的预测结果与基于时间序列预测的模型进行比较，以证明选取多因素预测的合理性。时间序列预测是基于WTI原油期货市场的历史数据对其未来价格变动进行预测，选择作为对比的时间序列预测模型包括支持向量机（SVMT）、一元灰色预测模型

（GM（1，1））、BP 神经网络模型（BPT）、自回归移动平均模型（ARIMA）、Elman 神经网络模型（ENN）以及模糊神经网络预测模型（FNN）。其中，BPNN 和 ENN 是两种典型的传统人工智能神经网络，是传统的预测技术，BPNN 与 ENN 的区别在于后者更适合求解网络结构简单的时变问题。FNN 属于模糊神经网络，该方法将模糊理论和人工智能神经网络相结合，充分利用了两者的优点，具有较强的学习能力。如上所述，支持向量机是一种有监督学习的广义线性分类器，具有较高的预测精度，在解决小样本问题上更为有效，性能受核函数选择的影响，不仅能用于多因素预测，还适用于时间序列预测。灰色预测模型通过构造灰色微分预测模型，能够在信息量小且不完全的基础上描述长期发展趋势，同样，灰色预测模型也能用于预测时间序列。ARIMA 属于一种典型的基于统计理论的时间序列预测模型，具有预测稳定性高、计算量小等特点。表 6-7 给出了各个模型的预测结果，其中一步预测是指利用滞后一期的数据进行预测；同理，四步预测是指利用滞后四期的数据进行预测，表 6-7 的具体结果分析如下：

首先，同基于多因素预测的结果一致，基于时间序列的预测也是一步预测效果最好，四步预测的效果最差。其次，对比各个模型的预测结果，不论是预测精度还是预测有效性，支持向量机均具有最好的结果，其一步预测的 MAPE、MAE、RMSE 和预测有效度的值分别为 6.42%、2.159、1.330 和 0.794，然而，其预测效果远差于基于多因素预测的预测结果。单独比较 SVM 模型，基于多因素的预测与基于时间序列的预测得到的 MAPE 值相差 2.74%。表 6-7 中，模糊神经网络的预测结果仅次于支持向量机预测模型，这是因为模糊神经网络基于模糊理论和人工智能神经网络，能够发挥两者的优势。Elman 神经网络的预测效果排在第三位，BP 神经网络、GM（1，1）以及 ARIMA 的预测效果分别位于第四、第五和第六位。

综上所述，根据表 6-7 可以得出如下结论：第一，基于多因素预测的预测效果优于基于时间序列预测的预测效果，除历史因素外，WTI 原油期货市场还受到很多外界其他因素的影响；第二，机器学习预测模型的预测性能优于基于统计理论的预测模型的预测性能。

表6-7　　　　　　　　　　　不同时间序列预测模型对比结果表

预测模型	SVMT				GM（1，1）			
预测步数	一步	两步	三步	四步	一步	两步	三步	四步
MAPE（%）	6.42	6.77	7.31	8.45	8.22	8.37	8.95	9.70
MAE	2.159	2.318	2.869	3.115	3.150	3.236	3.301	3.668
RMSE	1.330	1.426	1.508	1.617	1.745	1.752	1.806	1.893
FVD	0.794	0.783	0.762	0.738	0.713	0.707	0.691	0.672
预测模型	BPT				ARIMA			
预测步数	一步	两步	三步	四步	一步	两步	三步	四步
MAPE（%）	7.88	8.16	8.59	9.20	8.42	8.96	9.33	9.91
MAE	2.780	3.128	3.137	3.495	3.126	3.274	3.515	3.716
RMSE	1.708	1.737	1.746	1.882	1.783	1.811	1.892	1.953
FVD	0.724	0.716	0.705	0.683	0.706	0.688	0.681	0.670
预测模型	ENN				FNN			
预测步数	一步	两步	三步	四步	一步	两步	三步	四步
MAPE（%）	7.26	7.81	8.22	8.86	7.10	7.76	8.10	8.67
MAE	2.755	2.830	3.124	3.506	2.745	2.773	2.908	3.246
RMSE	1.647	1.728	1.760	1.812	1.623	1.695	1.730	1.758
FVD	0.744	0.729	0.718	0.695	0.754	0.736	0.722	0.713

表6-8列出了各个模型与本研究所建立的组合预测模型的DM检验结果。根据结果可知，除AFSA-SVM-GM模型外，FA-SVM-GM模型与其他模型在预测精度上均具有显著差别，特别是在与单个模型进行统计检验时，均在1%显著性水平上具有显著区别。将权重优化算法替换掉时，模型的预测精度提高不是十分明显，这说明与权重优化算法相比，单个预测模型的性能更能影响组合预测模型的最终预测效果，能够极大提高预测精度。尽管FA-SVM-GM与AFSA-SVM-GM模型在预测精度上差异并不显著，但是如前所述，人工鱼群算法在寻优时容易陷入局部极值，并且收敛速度十分缓慢，这会影响整个预测模型的性能。综上所述，基于多因素的能源金融风险组合预测模型优于基于时

间序列的预测模型，也优于单个预测模型。

表6-8　　　　　　　　　能源金融风险预警模型DM检验结果表

预测模型	WTI原油期货指数	
	DM检验	P值
SVM	2.331	0.000***
GM（1，N）	2.974	0.000***
ARMAX	3.055	0.000***
BP	3.016	0.000***
RM	3.126	0.000***
AVE-SVM-GM	2.005	0.000***
PSO-SVM-GM	1.208	0.041**
SA-SVM-GM	1.416	0.019**
GA-SVM-GM	1.395	0.036**
AFSA-SVM-GM	0.354	0.621
SVMT	2.854	0.000***
GM（1，1）	2.245	0.000***
ENN	2.706	0.000***
BPT	2.506	0.000***
ARIMA	3.178	0.000***
FNN	2.433	0.000***

注：***表示在1%显著性水平上显著；**表示在5%显著性水平上显著。

6.6　本章小结

能源金融市场风险预警具有重要意义，有效的能源金融风险预警系统能够避免能源虚拟金融风险转化为能源实体金融风险、保障能源价格稳定和能源安全供应以及为能源金融健康发展保驾护航。在构建能源金融风险预警体系时需要综合考虑该体系的系统性、层次性、准确性以及参照性。因此，本章首先构建了基于支持向量机预测模型、多元灰色预测模型以及萤火虫算法的多因素组合预测模型。能源金融风险预警体系包含三个部分：指标遴选、模型构建和模型评价。在选择能源金融市场风险指标时，需要考虑指标的全面性、科学性、可操作性和动态性，这样能保证评价指标体系的代表性和简洁性。在经过综合对比之后，考虑到数据可得性，通过熵权法进行指标筛选，最终选取两个对国际石油市场影响最大的影响因素。其次，论述了支持向量机和多元灰色预测模型的原理和特征，两者皆适用于小样本预测且预测精度较高，将两个预测方法相结合可以同时捕捉带预测序列的线性和非线性特征。萤火虫算法用于优化组合预测模型的权重，其优化目标是精度损失最小。最后，从预测精度、预测有效性和预测显著性三个方面综合评价所构建的组合预测模型的预测性能，全面揭示预警体系的综合表现。实证结果表明，不论是与单个预测模型相比较，还是与基于时间序列预测的模型相比较，或者将组合预测模型中的优化算法进行替换，本章所构建的组合预测模型均具有最优的预测性能，证明了能源金融市场风险预警体系的有效性。

7　结论与政策建议

本章首先对全书理论与实证分析研究进行总结，其次提出与能源金融市场风险传导以及预警相关的政策建议，最后对未来研究方向进行展望。

7.1　主要研究结论

能源是推动经济发展的动力，能源市场的发展离不开金融工具和政策的支持。随着全球经济一体化的不断加深，能源市场越来越具有金融化属性并与全球金融系统融为一体，各种能源金融衍生品应运而生，市场间的价格波动风险越来越大。因此，研究能源市场跨市场溢出效应的风险传导机制对防范和治理风险、实施宏观审慎监管具有十分重要的意义。本书通过建立基于极大重叠离散小波的二元 BEKK-GARCH 和二元 DCC-GARCH 模型，从金融市场中的股票市场、汇率市场多个方面对能源金融市场风险传导进行全面、综合分析。

通过理论分析与实证研究，本书主要得出以下结论：

首先，通过构建的基于极大重叠离散小波的非对称 DCC-GARCH 模型，以能源金融市场中的石油市场为例，实证研究了国际石油市场对多个金融市场间的动态性。实证研究结果表明，不同尺度下的动态相关性各不相同。对于股票市场来说，中美股市在各个时间尺度下的动态相关系数均为显著，并且长期尺度上的动态相关性要大于短期尺度下的动态相关性。对于汇率市场，在中国汇率制度改革以来，国际石油市场与汇率市场的动态相关性逐渐增强，但其相关程度远不如美国汇率市场。此外，不论是股票市场还是汇率市场，国际原油期货市场风险对中美两国均存在显著的非对称性特征。

其次，通过建立的基于极大重叠离散小波的非对称 BEKK-GARCH（1，1）二元模型，从时间、频率和非对称性三个角度进一步研究了能源金融市场对多个金融市场的风险波动溢出演化过程，并将样本时间段分为危机前、危机期间和危机后三个子阶段进行讨论。实证研究结果显示，一方面，国际石油市场对美国股市的风险传导效应要强于对中国股市的影响。国际石油市场与美国股票市场间的双向风险传导性均较强，相比之下，国际石油市场对中国股票市场的影响相对较弱。然而，随着中国经济实力越来越强大，中国股市对国际石油市场的影响逐渐增强。另一方面，WTI原油市场对中美汇率市场都具有显著的风险溢出效应，风险传导在不同的时间尺度上完全不同，长期尺度下市场间的相互影响要大于短期尺度。对于中国汇率市场来说，人民币汇率改革以来，人民币汇率与国际石油市场之间的风险传导效应逐步加大，石油市场价格风险的冲击总体上存在较弱的正向性，且更应该多关注长期尺度间的相互风险传导。油价对美元汇率的风险传导则是显著负向的，美元汇率风险要远高于人民币汇率风险，这主要是由于中国政府的汇率管制政策。此外，石油对中国汇率市场风险溢出效应存在显著的非对称性，而美元指数风险溢出效应的非对称性整体上看并不明显。简而言之，我们得到了WTI原油市场与中美股市、WTI原油市场与中美汇市之间在多个小波时间尺度上的溢出关系，即国际石油市场与股市、汇场之间的风险溢出效应在危机前、危机中和危机后的时间段内是动态的且普遍存在非对称性特征。

最后，为了防范能源金融市场风险的发生，本书构建了基于支持向量机预测模型、多元灰色预测模型以及萤火虫算法的能源金融风险预警模型。实证结果表明，本章所构建的组合预测模型的预测性能优于单个预测模型、基于时间序列预测的模型或者将萤火虫算法替换掉的其他组合预测模型，为能源金融市场风险预警体系的有效性提供了保障。

7.2 政策建议

当今，能源是炙手可热的生产要素，早已成为各国纷纷争夺的重要资源。能源问题和金融问题密切相关，在享受能源金融一体化发展带来好处的同时，能源金融系统在资金、实物和信息等方面同样存在潜在风险。前文的理论梳理总结与实证研究分析已经证实了能源金融跨市场间联系的加强无疑会为风险的相互传导提供渠道，是能源金融市场安全严峻的挑战。本书从加强顶层设计，完善我国能源金融市场体系；防范风险，实施金融支持政策；利用价格发现功能，构建能源金融风险预警方面提出具体的政策建议。

7.2.1　加强能源金融化顶层设计，完善我国能源金融市场体系

本书在梳理并总结能源金融市场风险传导的理论机制时发现，能源金融市场主要通过影响全球各国实体经济和跨市场间联动性来对风险进行传导扩散，并且这种传导具有非线性和非对称性等特点。国际原油期货市场风险更易对不够健全、不够完善的市场产生影响，相比于包括新交所、伦交所和纽交所在内的国际上三个原油期货合约交易所，我国于2013年成立的上海国际能源交易中心股份有限公司处于起步阶段，其发展明显落后于国际能源金融市场。我国是能源产需大国，对石油的需求在很大程度上依赖国际市场。因此，我国亟须建设并完善原油期货市场，进一步加强能源金融化的顶层设计，这样不仅有助于避免因石油价格变动给我国经济带来不必要的潜在风险，而且会提高企业自身竞争力，为宏观经济发展保驾护航。

首先，我国应该加快能源金融一体化进程，提升我国能源金融市场的国际地位。这就需要我国制定长期与短期目标，明确能源金融市场的未来发展方向。提升我国能源金融市场国际地位的本质是需要加快推进人民币国际化的进程，使人民币结算在能源金融交易中得到普及。鉴于石油与金融的紧密联系，我国可以制定专门针对石油的货币金融政策，进而加速两者一体化进程。当今世界，"石油美元"仍然是主要的石油货币，但是随着经济衰退以及国际石油市场频繁产生的各种风险等因素的共同作用，美元的地位将会受到挑战，未来能源金融交易货币会朝着多元化方向发展。因此，我国应鼓励企业向国际能源金融市场涌入，推广"石油人民币"的结算方式，逐步强化人民币在能源金融市场的地位。与国际石油市场接轨，不仅有助于进一步完善我国能源金融体系，还可提高我国能源金融市场在国际的地位。

其次，为了确保我国能源金融市场的健康发展，应明确监管部门责任，制定监管规则。目前来看，我国能源金融市场应确定主要的监管机构，对日常交易进行管理与监督，并且定期提供能源金融风险评估报告，发布相应的风险通报，对突发情况进行及时处理。当有严重风险时，可以由主管部门，例如财政部、国资委、央行等研究处理方案。在主要监管部门下可设立相关部门，负责各地具体工作的实施与落实，形成多地共同联合的监管网络。另外，还要明确各部门监管责任，如具体规则的制定、风险监管等

均由不同部门负责，彻底摒弃"都在管，又都不管"的状态，把关能源金融市场交易的每个环节，将市场监管落实到位。

最后，建立多层次、全方位的能源金融市场体系。多层次、全方位产品服务体系和能源金融市场体系的构建，既能保障能源产业的良性、快速发展，确保能源安全，又可以实现金融产业对能源行业的资金支持。多层面、全方位的能源金融市场建立，需要能源企业和金融机构走出去，走向国际能源金融市场，参与国际能源金融市场的交易。逐渐熟悉内部规则后，才能够将先进的经验带回到国内，助力国内能源金融市场的建设与完善。国内企业走出去还可以实现国内能源金融市场的交易规则、风险监管等多方面与国际能源金融市场接轨。例如，能源金融的交易可以从加工后的成品油与生产环节相关的产品开始，逐渐向难度较大的原油等原始产品过渡，进而逐渐走向成熟，有助于推进人民币在国际能源金融市场的普及速度。此外，多层次的能源金融市场还应包括多种多样的能源产品，除目前最主要的原油市场外，我国还应在天然气、碳交易等市场上加强规范管理，早日实现与国际能源金融市场接轨。

7.2.2　防范跨市场间风险传染，实施全方位的能源金融支持政策

本书的实证研究结果说明能源金融市场与金融市场间紧密相关，各个市场间存在着明显的风险传导效应。因此，为了避免能源金融市场风险传导与扩散等安全问题的发生，需要注意的核心问题不单单是完善能源金融市场的顶层设计，也需要考虑满足能源信贷资金的需求，从资金层面不断加大对能源金融市场的支持力度。近年来，从开发建设到技术研发再到实际应用，能源行业呈现出资本密集、高风险、高收益等特点，其融资具有机制活、规模大和渠道广的特征，所以能源产业的快速发展离不开金融业的资金支持。能源行业在基础设施建设、高新技术的开发与应用等多个环节均需要金融资本的支持。对于能源产业的发展，金融业可以渗透到能源企业的上市、债券发行以及吸引外资等各个环节。金融业还能够利用政府或者行业政策来为能源产业提供相应的支持，我国政府部门制定了一系列政策鼓励将金融资本引入能源行业中，为能源企业融资提供支撑。目前为止，尽管我国拥有交通银行、农业银行等多种信贷融资渠道，但是缺少专门针对能源产业融资的银行，这也成为限制我国能源金融发展的一大瓶颈。因此，为了防

范跨市场间的风险传导，还需实施全方位的能源金融支持政策。

首先，增加我国资本市场的融资力度。对于能源企业，不论是创业型能源企业还是传统老牌能源企业，政府都应支持和鼓励企业发行短期和中长期融资债券，不断扩大能源企业的上市规模，提高其可融资的比例，创新研发多样化的能源金融产品，例如风险投资基金、产业投资基金、能源信托产品、能源支持证券等，将能源产品证券化，逐步打开能够促进能源行业发展的投资和融资渠道。另外，国家还需重点考虑能源企业的融资渠道，为能源企业提供更多的绿色融资通道。例如，我国现在没有专门为能源企业投资和融资服务的信贷渠道，能源企业需与其他类型企业共同竞争同一融资渠道，这会限制能源金融市场的进一步发展。因此，应持续加大资本市场的融资力度，鼓励能源金融产品的创新与应用，这样才能够满足能源金融市场发展的多元化需求。

其次，设立与能源发展相关的金融机构。国内发布的《中国能源金融发展报告（2017）》指出，"十三五"期间我国能源行业的投资和融资需求将达到6万亿元，特别是在风能、太阳能等清洁能源市场上，能源的投融资需求更逐步增大，"十三五"时期是我国能源金融飞速发展的重要阶段。但是，仅仅通过我国传统的信贷融资渠道已经不能满足我国能源发展的巨大资金需求。因此，我国应建立专门服务于能源发展的金融机构，如能源发展银行，设立该银行的最主要目的是为能源企业提供更为便捷的融资渠道。银行自身的资金来源可以为目前运营的主权基金或者我国的外汇储备，并引入一些能源证券化的产品，如能源支持证券、能源信托等融资机制。构建我国能源资源和战略储备库，将虚拟产品转化为实物储备，确保能源金融市场的安全。

最后，我国应逐步加强外资的引入力度，提升能源产业融资开放程度。根据我国当前的经济形势，我国的经常项目已经实现了完全对外开放，但是能源金融市场的全面开放还没有实现。随着我国经济的日益强大，我国整体经济实力大大提升，人民币国际化道路势在必行，因此，能源金融市场应该同时扩大对外开放的范围，实现与国际接轨。我国应不断完善现有的投资和融资机制，鼓励引进外资企业，为相关外资企业的引入提供优惠政策，外资企业的引入不仅可以扩大能源金融市场的范围，还能够为我国现有能源企业提供先进的资本与技术，进而改善国内能源金融融资环境。另外，我国还可以利用信贷引导政策，帮助国内能源企业获得国外金融机构的贷款投资，保障我国能源行业投融资制度框架的建立，保证能源企业获得满足其发展需求的资金支持。

7.2.3 充分利用价格发现功能，构建能源金融风险预警系统

除了完善我国能源金融市场的顶层设计和实施全方位的资金政策支持外，化解能源金融风险的有效方法是构建能源金融风险预警系统。本书研究能源金融跨市场间风险传导的核心风险是价格波动风险，国际石油市场的价格波动会将风险传导到金融市场中。然而，目前来说，我国在能源定价方面在国际上仍然缺乏影响力，国际石油的定价还是以欧美为主导。缺乏合理的定价机制、能源市场化程度滞后等因素都是导致我国不具有国际原油定价权的原因，因此，我国应该主动争取国际原油定价权，充分利用能源金融市场的价格发现功能。此外，还应及时捕捉能源金融市场的潜在风险，构建能源金融风险预警系统，统筹制定能源金融安全战略。本书构建的能源金融市场风险预警体系能够精确获取可能发生的风险，具有较高预警精度，适用于目前我国能源金融市场的风险防范。目前，我国能源金融市场的风险预警体系仍然有待完善，需进一步优化提高。为应对能源金融市场风险，我国应采取如下措施：

首先，努力实施石油、天然气等能源产品的定价机制，逐步完善能源金融市场的建设。从目前来看，我国能源产品市场化水平滞后，定价仍然需要人为参与，不能完全实现以市场来定价。作为重要的基础性消费产品以及生产要素，石油等能源产品价格长期处于非市场化状态，不仅会影响股市的合理运作，还会对经济的稳定增长产生负面影响。所以，我国应该持续改革石油产品的定价机制，在保障石油供给平衡的基础上，改善当前定价方法，避免对市场进行过多行政干预。另外，对于原油期货市场来说，其有助于相关企业利用价格发现和套期保值的功能，降低国际原油现货价格对企业利润的影响。

其次，注重节能减排战略的实施，鼓励开发新能源，加快设立主要能源储备体系。在我国经济稳步发展的环境下，应鼓励新能源的开发，探寻石油、煤炭等传统化石能源的替代品。此外，近年来我国石油对外依存度持续增加，应加快设立以石油为主要能源的储备体系，降低石油对外依赖程度。因此，我国不仅应该主动寻找替代能源，同时也要调整能源储备战略，学习世界其他能源金融发展较为先进国家的做法，不断寻求能源进口的新渠道，降低我国自身能源的开采，在保障能源供给充足的前提下加强对新能源

的发展力度，降低石油依赖程度。具体来说，从需求角度看我国应该注重节能减排战略的实施，不断开发新能源，将能源需求的增长速度保证在合理的区间，逐步减少对进口能源的依赖，这不仅是我国能源产业发展、保证能源安全的需求，也是保护生态环境、降低污染排放的迫切需求。从供给角度看我国对石油进口的依赖程度依然较高，因此，我国应加快设立以石油为主要能源的储备体系，提高各种不同能源的储备量，在商业层面和国家战略层面推进能源储备体系的设立，保障石油等能源的充分供应，进而防范和应对能源金融市场的风险。此外，根据我国自然资源禀赋特点，可以大力发展风能、太阳能等清洁能源，推广新能源技术，政府也应加大对新能源产业的支持力度，在保障环境不被污染的基础上，开发新型能源，降低我国对石油的依赖。

最后，建立能源金融市场风险预警体系，提高突发事件应对能力。由于金融市场能够对信息进行充分传播扩散，因而能源金融市场能够实现对能源产业产能扩张和价格风险的预警，即能源金融市场可以充分利用价格发现功能，对能源定价起到重要作用。因此，对于体制不够完善的能源金融市场来说，如何实现风险管理，进而保障能源价格稳定是一个关键问题。为了解决该问题，需要获取充分、准确的能源金融相关信息，构建能源金融预警体系，尽可能降低与避免能源金融市场中存在的潜在风险。能源金融风险预警体系对于缓解石油危机、应对突发事件、保证经济稳定发展具有重要意义。由于能源金融市场起步较晚，目前我国还没有建立真正意义上的能源金融风险预警体系，应对突发事件能力较弱。我国应该综合考虑能源金融风险相关因素，充分利用大数据时代契机，构建基于机器学习、人工智能等方法的预测模型，实现风险的动态监督预警。具体来看，能源金融风险预警要加强信息透明化，这是风险预警管理的前提。现如今，关于能源金融的信息发布较少，各地统计口径不一致，不能充分获取相关信息进行风险预警，特别是企业层面的信息较为缺乏，因此，市场具有信息不对称的特征。另外，我国能源信息平台只针对国内的市场，缺少国际影响力，这也限制了我国在国际市场上的能源定价权的获取。因此，我国应首先建立一个包含能源金融相关信息的、透明全面的信息分享平台，实现信息透明化。能源金融市场与传统金融市场的创新合作也有助于风险管理，如上所述，能源企业在资本市场不够完善时会限制能源金融市场的多元化发展，应加强两类市场的深度融合，为能源金融的发展提供有力资金支持。此外，尽管我国能源企业参与国际合作会面临国际能源金融市场价格变动的风险，但开展广泛的国际合作会通过学习先进技术、规范市场制度以及获取更多有用信息进而降低国内能源金融市场风险。总而言之，能源金融市场的风险预警需要政府、企业和市场等各方共同参与，建立合理机制，维护国家能源市场的稳定和保障国家能源安全。

7.3　未来研究方向

本书从理论和实证两方面研究了能源金融市场对金融市场的风险传导机制，并构建了能源金融风险预警系统。尽管本书的实证结果表明在不同维度上市场间的风险传导效果不同，同时也证明了所建立的预警体系的有效性，但是仍然存在一些不足之处。在未来的研究中有以下两点有待改进：其一，在研究能源金融市场风险过程中，本书只考虑了国际石油市场与中美股票市场、汇率市场这三个主要市场之间的风险传导进行研究，未将其他类型的能源金融市场如天然气期货市场、电力期货市场以及黄金市场等考虑在内，也没有考虑多元市场之间的交互风险传导。在未来相关研究中，可以从其他不同类型的市场层面进行更为全面的研究，并可构建多元 BEKK-GARCH 模型、网络传导模型、多元 Copula 模型进一步探究多个能源金融市场间的风险传导特征、理论机制与交互关系。其二，出于兼顾模型简洁性与有效性目的，本书只采用支持向量机和多元灰色预测模型构建组合预测模型，在未来的研究中，如果数据量充足，可以考虑将目前最新的预测方法应用到预警体系的建立中，例如深度学习方法等。

参考文献

[1] 范秋芳, 赵亚丽. 基于层次分析法和模糊综合评价模型的中国石油安全预警研究 [J]. 中外能源, 2014 (2): 8-12.

[2] 冯春山, 吴家春, 蒋馥. 应用半参数法计算石油市场风险价值 [J]. 湖北大学学报 (自然科学版), 2004 (3): 213-217.

[3] 高新伟, 马海侠. 国际油价波动风险预警及管理 [J]. 系统工程理论与实践, 2013 (2): 274-283.

[4] 何树红, 孙文, 徐文涛. 关于国际原油价格风险价值的分析与计算 [J]. 统计与决策, 2010 (18): 144-146.

[5] 黄书培, 安海忠, 高湘昀. 供给与需求驱动型原油价格变动对股票市场的多时间尺度影响研究 [J]. 中国管理科学, 2018 (26): 63-73.

[6] 金涛. 利率、股价和汇率关联的实证研究 [D]. 南昌: 江西财经大学, 2010.

[7] 李丽红. 中国能源金融市场风险预警——基于PCA&ARMA模型的研究 [J]. 经济问题, 2015 (2): 53-57.

[8] 李莉, 徐玲蕙, 刘仕华. 中国原油进口量的灰色预测 [J]. 中南民族大学学报, 2006 (1): 197-199.

[9] 吕军, 王德运, 魏帅. 中国石油安全评价及情景预测 [J]. 中国地质大学学报, 2017 (3): 86-96.

[10] 马超群, 李红权, 周恩, 等. 风险价值方法及其实证研究 [J]. 中国管理科学, 2001 (5): 16-23.

[11] 潘慧峰, 张金水. 用VaR度量石油市场的极端风险 [J]. 运筹与管理, 2006 (5): 95-98.

[12] 王鹏，魏宇. 中国燃油期货市场的 VaR 与 ES 风险度量 [J]. 中国管理科学，2012（6）：1-8.

[13] 王志宇，许良，张学成. 金融危机预警专家系统的建立 [J]. 燕山大学学报，2000（1）：84-87.

[14] 杨云飞，鲍玉昆，胡忠义. 基于 EMD 和 SVMs 的原油价格预测方法 [J]. 管理学报，2010（12）：1884-1889.

[15] 杨云飞. 基于 EMD 分解技术的不同市场原油价格相关性分析及预测研究 [D]. 武汉：华中科技大学，2011.

[16] 叶五一，韦伟，缪柏其. 基于非参数时变 Copula 模型的美国次贷危机传染分析 [J]. 管理科学学报，2014（11）：151-158.

[17] 余炜彬，范英，魏一鸣. 基于极值理论的原油市场价格风险 VaR 的研究 [J]. 系统工程理论与实践，2007（8）：12-20.

[18] 周孝华，李强，张保帅. 世界原油价格风险度量——基于 EGARCH-EVT-t Copula 模型 [J]. 北京理工大学学报（社会科学版），2012（4）：10-16.

[19] ALOUI R，AÏSSA M S B.Relationship between oil，stock prices and exchange rates：A vine copula based GARCH method [J]. North American Journal of Economics and Finance，2016（37）：458‐71.

[20] ALSALMAN Z，HERRERA A M.Oil price shocks and the US stock market：Do sign and size matter [J]. Energy Journal，2015（36）：171-188.

[21] ANTONIO R，NUNES L C.International comovement of stock market returns：A wavelet analysis [J]. Journal of Empirical Finance，2009（16）：632‐639.

[22] AROURI M E H，RAULT C. Oil prices and stock markets in GCC countries：Empirical evidence from panel analysis [J]. International Journal of Finance and Economics，2012（17）：242-53.

[23] AROURI M E H.Does crude oil move stock markets in Europe？ A sector investigation [J]. Economic Modelling，2011（28）：1716-1725.

[24] ATEMS B，KAPPER D，LAM E.Do exchange rates respond asymmetrically to shocks in the crude oil market？ [J]. Energy Economics，2015（49）：227‐238.

[25] BASHER S A, HAUG A A, SADORSKY P.Oil prices, exchange rates and emerging stock markets [J]. Energy Economics, 2012 (34): 227 - 240.

[26] BASHER S A, HAUG A A, SADORSKY P.The impact of oil shocks on exchange rates: A Markov-switching approach [J]. Energy Economics, 2016 (54): 11 - 23.

[27] BASHER S A, SADORSKY P.Oil price risk and emerging stock markets [J]. Global Finance Journal, 2006 (17): 224 - 251.

[28] BOLDANOV R, DEGIANNAKIS S, FILIS G.Time-varying correlation between oil and stock market volatilities: evidence from oil-importing and oil-exporting countries [J]. International Review of Financial Analysis, 2016 (48): 209-220.

[29] BRAHMASRENE T, HUANG J C, SISSOKO Y.Crude oil prices and exchange rates: causality, variance decomposition and impulse response [J]. Energy Economics, 2014, (44): 407 - 412.

[30] BROADSTOCK D C, FILIS G.Oil price shocks and stock market returns: New evidence from the United States and China [J]. Journal of International Financial Markets Institutions & Money, 2014 (33): 417-433.

[31] CONG R G, WEI Y M, JIAO J L, et al. Relationships between oil price shocks and stock market: An empirical analysis from China [J]. Energy Policy, 2008 (36): 3544-53.

[32] DIBOOĞLU S.Real disturbances, relative prices and purchasing power parity [J]. Journal of Macroeconomics, 1996 (18): 69 - 87.

[33] FILIS G.Macro economy, stock market and oil prices: Do meaningful relationships exist among their cyclical fluctuations? [J]. Energy Economics, 2010 (32): 877 - 886.

[34] FILIS G, DEGIANNAKIS S, FLOROS C.Dynamic correlation between stock market and oil prices: The case of oil-importing and oil-exporting countries [J]. International Review of Financial Analysis, 2011 (20): 152-164.

[35] FORBES K J, RIGOBON R.No contagion, only interdependence: Measuring stock

market co-movements [J]. The Journal of Finance, 2002 (57): 2223-2261.

[36] GJERDE Ø, SAETTEM F.Causal relations among stock returns and macroeconomic variables in a small, open economy [J]. Journal of International Financial Markets Institutions & Money, 1999 (9): 61-74.

[37] HIEMSTRA C, JONES J D.Testing for linear and nonlinear Granger causality in the stock price-volume relation [J]. The Journal of Finance, 1994 (49): 1639-1664.

[38] HUANG J C, LEE M C, LIU H C.Estimation of value-at-risk for energy commodities via fat-tailed GARCH models [J]. Energy Economics, 2008 (30): 1173-1191.

[39] HUANG S, AN H, GAO X, et al.Do oil price asymmetric effects on the stock market persist in multiple time horizons? [J]. Applied Energy, 2017 (185): 1799-1808.

[40] HUANG S C.Wavelet-based multi-resolution GARCH model for financial spillover effects [J]. Mathematics and Computers in Simulation, 2011 (81): 2529-2539.

[41] JAMMAZI R.Cross dynamics of oil-stock interactions: A redundant wavelet analysis [J]. Energy, 2012 (44): 750-777.

[42] JAMMAZI R, ALOUI C.Crude oil price forecasting: Experimental evidence from wavelet decomposition and neural network modeling [J]. Energy Economics, 2012 (34): 828-841.

[43] JAWADI F, LOUHICHI W, AMEUR H B, et al.On oil-US exchange rate volatility relationships: An intraday analysis [J]. Economic Modelling, 2016 (59): 329-334.

[44] JI Q, BOURI E, ROUBAUD D.Dynamic network of implied volatility transmission among US equities, strategic commodities, and BRICS equities [J]. International Review of Financial Analysis, 2018 (57): 1-12.

[45] JIA X, AN H, FANG W, et al.How do correlations of crude oil prices co-move? A grey correlation-based wavelet perspective [J]. Energy Economics, 2015 (49): 588-598.

[46] JIMÉNEZ R. Oil price shocks and stock markets: testing for non-linearity [J]. Empirical Economics, 2015 (48): 1079-1102.

［47］ JONES C M， KAUL G.Oil and the stock markets ［J］. The Journal of Finance， 1996 （51）: 463-491.

［48］ KHALFAOUI R， BOUTAHAR M， BOUBAKER H.Analyzing volatility spillovers and hedging between oil and stock markets: evidence from wavelet analysis ［J］. Energy Economics, 2015 （49）: 540-549.

［49］ KILIAN L.Not all oil price shocks are alike: Disentangling demand and supply shocks in the crude oil market ［J］. American Economic Review, 2009 （99）: 1053-1069 3.

［50］ KIM D H， LEE S J， OH K J.An early warning system for financial crisis using a stock market instability index ［J］. Expert systems， 2009 （26）: 260-273.

［51］ KLING J L.Oil price shocks and stock market behavior ［J］. The Journal of Portfolio Management， 1985 （12）: 34-39.

［52］ NARAYAN P K， GUPTA R.Has oil price predicted stock returns for over a century? ［J］. Energy Economics， 2015 （48）: 18-23.

［53］ NARAYAN P K， NARAYAN S.Modelling the impact of oil prices on Vietnam's stock prices ［J］. Applied Energy， 2010 （87）: 356-361.

［54］ PAPAPETROU E.Oil price shocks， stock market， economic activity and employment in Greece ［J］. Energy Economics， 2001 （23）: 511-532.

［55］ REBOREDO J C.Modelling oil price and exchange rate co-movements ［J］. Journal of Policy Modeling， 2012, 34 （3）: 419-440.

［56］ REBOREDO J C， RIVERA M A.A Wavelet decomposition approach to crude oil price and exchange rate dependence ［J］. Economic Modelling, 2013, 32 （1）: 42-57.

［57］ REBOREDO J C， RIVERA M A.Wavelet-based evidence of the impact of oil prices on stock returns ［J］. International Review of Economics and Finance， 2014, 29 （1）: 145-176.

［58］ RENAUD O， STARCK J L， MURTAGH F. Prediction based on a multiscale decomposition ［J］. International Journal of Wavelets， Multiresolution and Information Processing， 2003, 1 （2）: 217-232.

[59] SADORSKY P.The empirical relationship between energy futures prices and exchange rates [J]. Energy Economics, 2000, 22 (3): 253-266.

[60] SADORSKY P.Risk factors in stock returns of Canadian oil and gas companies [J]. Energy Economics, 2001, 23 (1): 17-28.

[61] SINGH V K, NISHANT S, KUMAR P. Dynamic and directional network connectedness of crude oil and currencies: Evidence from implied volatility [J]. Energy Economics, 2018 (76): 48-63.

[62] SOYTAS U, SARI R, HAMMOUDEH S, et al.World oil prices, precious metal prices and macroeconomy in Turkey [J]. Energy Policy, 2009, 37 (12): 5557-5566.

[63] THROOP A W.A generalized uncovered interest parity model of exchange rates [J]. Economic Review-Federal Reserve Bank of San Francisco, 1993 (2): 3-16.

[64] TIWARI A K.Oil prices and the macroeconomy reconsideration for Germany: Using continuous wavelet [J]. Economic Modelling, 2013 (30): 636-642.

[65] WANG Y, WU C.Energy prices and exchange rates of the U.S.dollar: Further evidence from linear and nonlinear causality analysis [J]. Economic Modelling, 2012, 29 (6): 2289-2297.

[66] WANG Y, WU C, YANG L.Oil price shocks and stock market activities: Evidence from oil-importing and oil-exporting countries [J]. Journal of Comparative Economics, 2013, 41 (4): 1220-1239.

[67] YOUSEFI A, WIRJANTO T S.The empirical role of the exchange rate on the crude-oil price formation [J]. Energy Economics, 2004, 26 (6): 783-799.

[68] YOUSEFI S, WEINREICH I, REINARZ D.Wavelet-based prediction of oil prices [J]. Chaos Solitons & Fractals, 2005, 25 (5): 265-275.

[69] ZAROUR B A.Wild oil prices, but brave stock markets: The case of GCC stock markets [J]. Operations Research, 2006 (6): 145-162.

[70] ZHANG C, CHEN X.The impact of global oil price shocks on China's stock returns: Evidence from the ARJI-GARCH model [J]. Energy, 2011, 36 (12): 6627-

6633.

[71]   ZHANG D. Oil shock and economic growth in Japan: A nonlinear approach [J]. Energy Economics, 2008, 30 (6): 2374-2390.

[72]   ADEDOYIN F, OZTURK I, ABUBAKAR I, et al. Structural breaks in CO_2 emissions: Are they caused by climate change protests or other factors? [J]. Journal of Environmental Management, 2020, 266 (110628): 72-91.

[73]   ALOUI R, AÏSSA M S. Relationship between oil, stock prices and exchange rates: A vine copula based GARCH method [J]. North American Journal of Economics and Finance, 2016 (37): 458-47.

[74]   BAI X W, LAM J S L. A copula-GARCH approach for analyzing dynamic conditional dependency structure between liquefied petroleum gas freight rate, product price arbitrage and crude oil price [J]. Energy Economics, 2019 (78): 412-427.

[75]   BEI J L, WANG C Y. Evidence based on green finance, clean energy and environmentally friendly investment: Renewable energy resources and sustainable development goals [J]. Resources Policy, 2023 (80): 1-10.

[76]   BUGSHAN A, ELSAYIH J. Oil price uncertainty and carbon management system quality [J]. Economics Letters, 2023 (224): 1-5.

[77]   CAO G X, XIE F. The asymmetric impact of crude oil futures on the clean energy stock market: Based on the asymmetric variable coefficient quantile regression model [J]. Renewable Energy, 2023 (218): 1-12.

[78]   CARRION-I-SILVESTRE J L. Health care expenditure and GDP: Are they broken stationary? [J]. Journal of Health Economics, 2005 (24): 839-854.

[79]   CHOW G C. Tests of equality between sets of coefficients in two linear regressions [J]. Econometrica, 1960 (28): 591-605.

[80]   COSKUN M. Dynamic correlations and volatility spillovers between subsectoral clean-energy stocks and commodity futures markets: A hedging perspective [J]. Journal of Futures Markets, 2023, 43 (12): 1727-1749.

[81]   COSKUN M, KHAN N, SALEEM A, et al. Spillover connectedness nexus

geopolitical oil price risk, clean energy stocks, global stock, and commodity markets [J]. Journal of Cleaner Production, 2023 (429): 1-10.

[82] CZADO C, SCHEPSMEIER U, MIN A. Maximum likelihood estimation of mixed C-vines with application to exchange rates [J]. Statistical Modelling, 2012 (12): 229-255.

[83] DAUBECHIES I. Ten Lectures on Wavelets [J]. Computers in Physics, 1992 (61): 1-5.

[84] DONG Z G, ZHOU Z, ANANZEH M, et al. Exploring the asymmetric association between fintech, clean energy, climate policy, natural resource conservations and environmental quality: A post-COVID perspective from Asian countries [J]. Resources Policy, 2024 (88): 1-15.

[85] ENGLE R, KRONER K. Multivariate simultaneous generalized ARCH [J]. Econometric Theory, 1995 (11): 122-150.

[86] GLOSTEN L R, JAGANNATHAN R, RUNKLE D E. On the relation between the expected value and the volatility of the nominal excess return on stocks [J]. Journal of Finance, 1993 (48): 1779-1801.

[87] GONG X, LIN B Q. Structural breaks and volatility forecasting in the copper futures market [J]. Journal of Futures Markets, 2017, 38 (3): 290-339.

[88] JIANG Q C, MA X J. Risk transmission between old and new energy markets from a multi-scale perspective: The role of the EU emissions trading system [J]. Applied Economics, 2021 (54): 2949-2968.

[89] LIN B Q, LI Z. Towards world's low carbon development: The role of clean energy [J]. Applied Energy, 2022 (307): 1-10.

[90] LING S, MCALEER M. Asymptotic theory for a vector ARMA-GARCH model [J]. Econometric Theory, 2003 (19): 278-308.

[91] MALLAT S G. A theory for multiresolution signal decomposition: The wavelet representation [J]. IEEE Transactions on Pattern Analysis and Machine Intelligence, 1989 (11): 674-693.

[92] NAEEM M A, ARFAOUI N. Exploring downside risk dependence across energy markets: Electricity, conventional energy, carbon, and clean energy during episodes of market crises [J]. Energy Economics, 2023 (127): 107082.

[93] PATTON A J. Modelling asymmetric exchange rate dependence [J]. International Economic Review, 2006 (47): 527-556.

[94] PRODAN R. Potential pitfalls in determining multiple structural changes with an application to purchasing power parity [J]. Journal of Business & Economic Statistics, 2008 (26): 50-65.

[95] SREEKUMAR S, KHAN N U, RANA A S, et al. Aggregated Net-load Forecasting using Markov-Chain Monte-Carlo Regression and C-vine copula [J]. Applied Energy, 2022 (328): 120171.

[96] SU X F, ZHAO Y C. What has the strongest connectedness with clean energy? Technology, substitutes, or raw materials [J]. Energy Economics, 2023 (128): 107169.

[97] UDDIN G S, YAHYA M, BEKIROS S, et al. Systematic risk in the biopharmaceutical sector: A multiscale approach [J]. Annals of Operations Research, 2021 (330): 243-266.

[98] WU R R, QIN Z F, LIU B Y. A systemic analysis of dynamic frequency spillovers among carbon emissions trading (CET), fossil energy and sectoral stock markets: Evidence from China [J]. Energy, 2022 (254): 124176.

[99] ZHANG C Y, ZHU H, LI X Z. Which productivity can promote clean energy transition — total factor productivity or green total factor productivity? [J]. Journal of Environmental Management, 2024 (366): 121899.

[100] ZHANG H W, HONG H J, DING S J. The role of climate policy uncertainty on the long-term correlation between crude oil and clean energy [J]. Energy, 2023 (284): 128529.

[101] ZHANG X L, ZHENG X J. Does carbon emission trading policy induce financialization of non-financial firms? Evidence from China [J]. Energy Economics, 2024 (131):

107316.

[102] ZHANG Y M，DING S S，SHI H L.The impact of COVID-19 on the interdependence between US and Chinese oil futures markets［J］．Journal of Futures Markets，2023，42（11）：2041-2052.

[103] ZHANG Y J，LI S H.The Impact of Investor Sentiment on Crude Oil Market Risks：Evidence from the Wavelet Approach［J］．Quantitative Finance，2019（19）：1357-1371.

[104] ABADIE A.Bootstrap tests for distributional treatment effects in instrumental variable models［J］．Journal of the American Statistical Association，2002（97）：284-292.

[105] ADRIAN T，BRUNNERMEIER M K.CoVaR［J］．American Economic Review，2016（106）：1705-1741.

[106] ALOUI R，BEN AÏSSA M S，NGUYEN D K.Conditional dependence structure between oil prices and exchange rates：A Copula-GARCH approach［J］．Journal of International Money and Finance，2013（32）：719-738.

[107] BALCILAR M，DEMIRER R，HAMMOUDEH S，et al.Risk spillovers across the energy and carbon markets and hedging strategies for carbon risk［J］．Energy Economics，2016（54）：35-42.

[108] BOLTON P，KACPERCZYK M.Do investors care about carbon risk?［J］．Journal of Financial Economics，2021（142）：517-549.

[109] BONACCOLTO G，CAPORIN M，PATERLINI S.Decomposing and backtesting a flexible specification for CoVaR［J］．Journal of Banking & Finance，2019（108）：105659.

[110] BRANDES U，DELLING D，GAERTLEr M，et al.On Modularity Clustering［J］．IEEE Transactions on Knowledge and Data Engineering，2008（20）：172-188.

[111] BREDIN D，PARSONS J.Why is spot carbon so cheap and future carbon so dear? The term structure of carbon prices［J］．Energy Journal，2016（37）：53-67.

[112] CARVALHO J P.On the semantics and the use of fuzzy cognitive maps and dynamic cognitive maps in social sciences［J］．Fuzzy Sets and Systems，2013（214）：

75-88.

[113] CHEN H, LIU Z, ZHANG Y, et al. The linkages of carbon spot-futures: Evidence from EU-ETS in the Third Phase [J]. Sustainability (Switzerland), 2020 (12): 2517.

[114] COTTER J, HANLY J.Time-varying risk aversion: An application to energy hedging [J]. Energy Economics, 2010 (32): 432-441.

[115] DE MENDONÇA H F, SILVA R B DA.Effect of banking and macroeconomic variables on systemic risk: An application of ΔCOVAR for an emerging economy [J]. The North American Journal of Economics and Finance, 2018 (43): 141-157.

[116] DEMIRALAY S, GENCER H G, BAYRACI S.Carbon credit futures as an emerging asset: Hedging, diversification and downside risks [J]. Energy Economics, 2022 (113): 106196.

索引

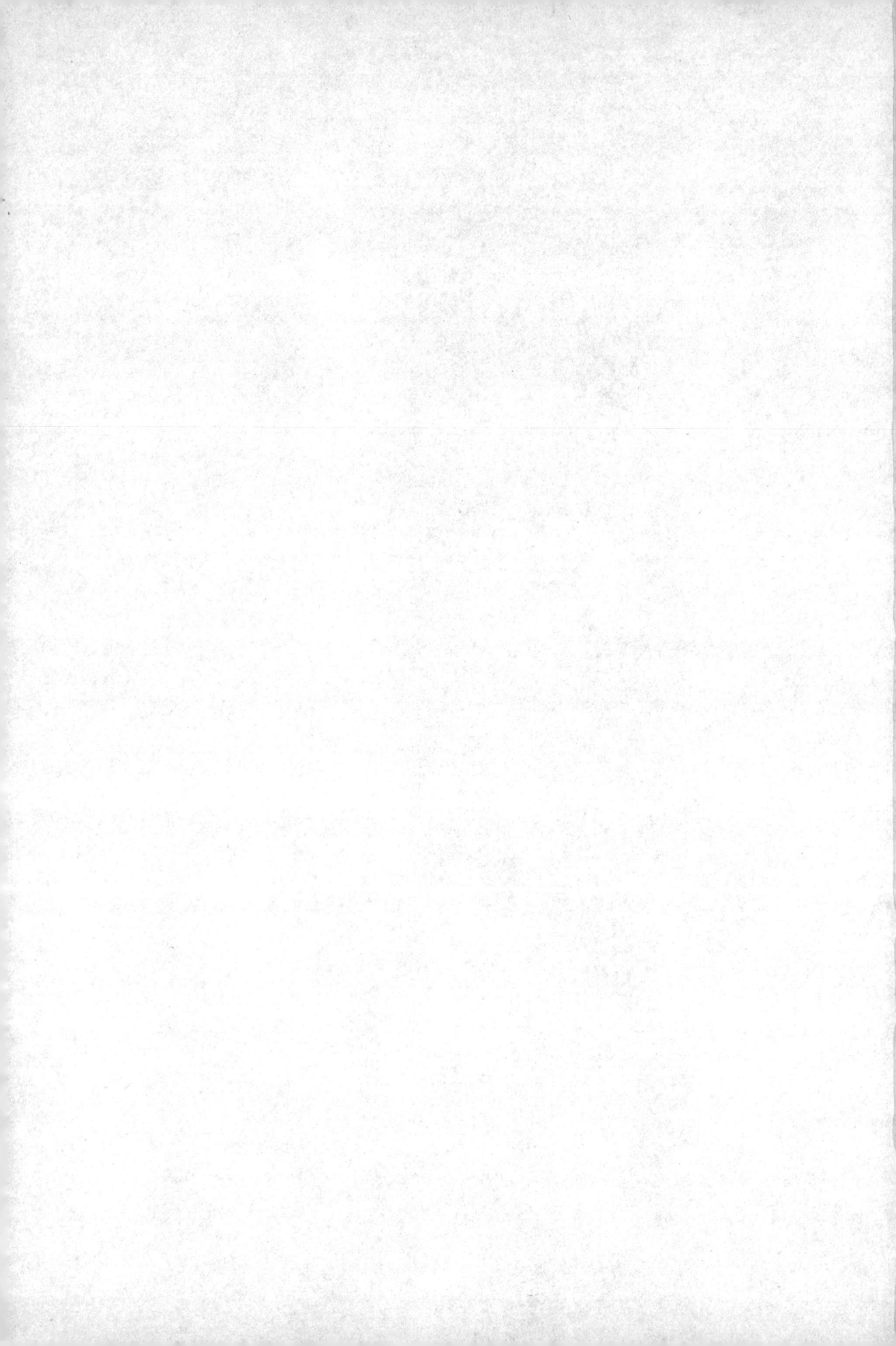